Märt Trasberg

La cooperación internacional en la reconstrucción de Haití

Märt Trasberg

La cooperación internacional en la reconstrucción de Haití

Un acercamiento desde la perspectiva de la eficacia de la ayuda

Dictus Publishing

Impressum/Imprint (nur für Deutschland/only for Germany)
Bibliografische Information der Deutschen Nationalbibliothek: Die Deutsche Nationalbibliothek verzeichnet diese Publikation in der Deutschen Nationalbibliografie; detaillierte bibliografische Daten sind im Internet über http://dnb.d-nb.de abrufbar.

Coverbild: www.ingimage.com

Contact:
International Book Market Service Ltd., 17 Rue Meldrum, Beau Bassin, 1713-01 Mauritius
Email: info@bookmarketservice.com
Website: www.bookmarketservice.com

Published in 2013

Printed in: U.S.A., U.K., Germany. This book was not produced in Mauritius.
ISBN: 978-3-8473-8718-3

Impresión
Información bibliográfica publicada por Deutsche Nationalbibliothek: La Deutsche Nationalbibliothek enumera esa publicación en Deutsche Nationalbibliografie; datos bibliográficos detallados están disponibles en internet en http://dnb.d-nb.de.

Imagen de portada: www.ingimage.com

Contact:
International Book Market Service Ltd., 17 Rue Meldrum, Beau Bassin, 1713-01 Mauritius
Email: info@bookmarketservice.com
Website: www.bookmarketservice.com

Published in 2013

Printed in: U.S.A., U.K., Germany. This book was not produced in Mauritius.
ISBN: 978-3-8473-8718-3

ÍNDICE

LISTA DE ABREVIATURAS

AECID	Agencia Española de Cooperación Internacional para el Desarrollo
AOD	Ayuda Oficial al Desarrollo
BID	Banco Interamericano de Desarrollo
CARICOM	Comunidad del Caribe (*Caribbean Community*)
CIRH	Comisión Interina de Reconstrucción de Haití
FMI	Fondo Monetario Internacional
FRH	Fondo de Reconstrucción de Haití
MINUSTAH	Misión de las Naciones Unidas para la Estabilización en Haití (*Mission des Nations Unies pour la Stabilisation en Haïti*)
OCDE	Organización para la Cooperación y el Desarrollo Económico
OCHA	Oficina Para la Coordinación de Asuntos Humanitarios (*UN Office for the Coordination of Humanitarian Affairs*)
OEA	Organización de los Estados Americanos
ONG	Organización no Gubernamental
ONU	Organización de las Naciones Unidas
OSE	Oficina del Enviado Especial de Haití de las Naciones Unidas (*UN Office of the Special Envoy for Haiti*)
PAO	Oficina de Rendición y Anticorrupción de la CIRH (*Performance and Anticorruption Office of the IHRC*)
PARDH	Plan de Acción para la Reconstrucción y el Desarrollo Nacional de Haití
PIB	Producto Interior Bruto
PNUD	Programa de las Naciones Unidas para el Desarrollo
UNICEF	Fondo de Naciones Unidas para la Infancia (*United Nations Children's Fund*)
USAID	Agencia para el Desarrollo Internacional de los Estados Unidos (*United States Agency for International Development*)

I: INTRODUCCIÓN

1.1. Justificación

En 12 enero de 2010, Haití fue la víctima de uno de los terremotos más destructivos en la historia de humanidad, donde perdieron vida más de 220 000 personas. Durante los meses posteriores del cataclismo la comunidad internacional movilizó una enorme cantidad de recursos – con valor de más de US$ 5 mil millones – para la ayuda humanitaria y reconstrucción de Haití. Dada que la situación económica y social de Haití era deprimente ya antes del terremoto, está claro que el proceso de "refundación de Haití" será en gran medida dependiente de la disponibilidad de la asistencia extranjera. Al mismo tiempo, es evidente que la reconstrucción ofrece una posibilidad única para "reconstruir mejor" el país.

Esta afirmación pone un énfasis especial sobre el carácter de las políticas de la reconstrucción aplicadas por el gobierno y los donantes internacionales. Los desastres naturales recientes y otras emergencias humanitarias han demostrado que la reconstrucción económica y social se ve dificultada especialmente en los estados frágiles, donde las deficiencias institucionales y conflictos internos obstaculizan directamente la aplicabilidad de los programas de la reconstrucción (OECD 2011a; UN 2011).[1] El terremoto de Haití y las experiencias de otros desastres naturales masivos en los países en vías del desarrollo, como el Tsunami de Océano Indico (2004), inundaciones de Pakistán (2011) y experiencias de los conflictos militares como en Afganistán, Ruanda y Liberia han levantado la pregunta, cómo garantizar la transición exitosa y rápida desde las intervenciones humanitarias a la ayuda para la recuperación económica y social a largo plazo (Christoplos 2006; Ahmed *et al.* 2002).

Es evidente que la cooperación entre los gobiernos nacionales y los donantes internacionales tiene implicaciones importantes para el éxito de reconstrucción después los desastres naturales. El caso de la reconstrucción del Tsunami en la

[1] Segun la OCDE los estados fragiles son incapaces de proporcionar las funciones básicas del estado, como la seguridad, los derechos de la propiedad, los servicios públicos básicos y la infraestructura esencial a la mayoría de los ciudadanos (Engberg-Pedersen *et al.* 2008: 22).

Provincias de Aceh y Nías en Indonesia (2005-2009) propone varias lecciones y puntos de comparación con el terremoto de Haití. En Aceh y Nías, varias instituciones de coordinación fueron puestas en marcha conjuntamente por donantes y el gobierno, que garantizaron la relativa eficacia y transparencia de las intervenciones de la reconstrucción y fomentaron al mismo tiempo el liderazgo del gobierno y las capacidades de las instituciones nacionales (Jawasurja y Mccauley 2008, BRR 2006).

Comparando la experiencia de Indonesia con Haití, es evidente que la debilidad institucional y conflictos políticos del país de Caribe proporcionaron un reto mucho más extensivo para el proceso de reconstrucción. Aunque las organizaciones internacionales y los diferentes países dieron una respuesta inmediata y efectiva ante a la situación de emergencia en Haití los primeros meses de 2010, proporcionando la ayuda para satisfacer las necesidades básicas de la población, era evidente que el proceso de recuperación económica, social y política a largo plazo va ser extremadamente difícil. La eficacia limitada de la ayuda al desarrollo en Haití antes del terremoto – es decir, su impacto reducido sobre la reducción de la pobreza y el fortalecimiento de las capacidades institucionales – era ampliamente reconocida por la comunidad internacional.

En este sentido, era importante la creación de un nuevo enfoque para la cooperación al desarrollo en Haití, que permite asegurar el liderazgo del gobierno de Haití y el fortalecimiento de las capacidades haitianas. Teniendo en cuenta estos objetivos, dos instituciones de coordinación se pusieron en marcha – la Comisión Interina de Reconstrucción de Haití (CIRH) y el Fondo de Reconstrucción de Haití (FRH) – que tuvieron una inspiración directa desde la reconstrucción de Aceh y Nias. Estas instituciones tenían como objetivos a asegurar el desembolso de los recursos, al mismo tiempo permitiendo su canalización a través de las instituciones nacionales, fortalecer el liderazgo del gobierno haitiano y asegurar la transparencia y rendición de las cuentas en el proceso de reconstrucción (IHRC 2011: 9). Es evidente que estas metas reflejan directamente a los principios de la Declaración de París sobre la Eficacia de la Ayuda (2005).

Sin embargo, los programas destinados a la reconstrucción han sido duramente criticados por las organizaciones internacionales y los medios de comunicación desde el 2010. Se ha destacado que los recursos no han sido desembolsados con la rapidez suficiente y las metas económicas y sociales más inmediatas, como la solución de problema de los escombros y la provisión de vivienda, saneamiento y educación básica para las poblaciones afectadas por el terremoto no se han cumplido. Por otro lado, las críticas se han concentrado en la coordinación entre los donantes y el gobierno, resaltando que la reconstrucción no sigue las prioridades establecidas por el gobierno de Haití y las instituciones haitianas no se han implicado en el proceso de reconstrucción de una manera significativa.

Asimismo, se ha creado la percepción en la sociedad civil y oposición política haitiana que la CIRH y el FRH estaban impuestas por los donantes – sobre todo por las instituciones financieras como el Banco Mundial y el Banco Interamericano al Desarrollo (BID) y países como los EE.UU. y Canadá – y las instituciones públicas haitianas no tienen voz en el proceso de reconstrucción. El mandato de la CIRH ha expirado en octubre 2011 y no ha sido prolongado por el parlamento haitiano hasta el momento actual, lo cual pone a la coordinación de la reconstrucción bajo un riesgo enorme. Al mismo tiempo, el FRH – cuyo mandato expira en 2017 – ha sido criticado por su impacto reducido, causado por la lentitud de desembolso de fondos para los sectores cruciales de la reconstrucción. En este sentido, es un momento muy importante para la valoración de estas dos instituciones.

La reconstrucción de Haití constituye un caso de estudio crucial en la asistencia tras desastres naturales: por un lado, debido al enorme límite de la catástrofe y las cantidades de la ayuda internacional recibidas y por otro lado la debilidad de las instituciones del estado. Sin embargo, a pesar de los múltiples informes producidos por las diferentes organizaciones internacionales y la enorme presión por parte de la prensa internacional, las políticas de reconstrucción (*reconstruction policies*) no han sido estudiadas de una manera sistemática. Según el conocimiento del autor, no hay trabajos académicos que analicen la experiencia de reconstrucción de Haití desde el enfoque de la economía, relaciones internacionales, ciencia política o el derecho internacional.

1.2. Objetivos, pregunta de investigación e hipótesis

Este trabajo propone investigar las políticas de reconstrucción de Haití partiendo de la disciplina de las relaciones internacionales, centrándose principalmente en los problemas de la eficacia de la ayuda y la cooperación internacional. Cabe señalar que el trabajo no tiene como objetivo evaluar el impacto social y económico de la ayuda de reconstrucción, sino intentar hacer algunas conclusiones sobre la calidad de la ayuda. Por la calidad de la ayuda se entiende una serie de factores, que están derivados de las teorías de la eficacia de la ayuda, que permiten entender el impacto potencial de la ayuda de reconstrucción a largo plazo.

La investigación presente tiene dos objetivos. En primer lugar, intentamos a analizar a las políticas de reconstrucción aplicadas por los donantes y el gobierno nacional desde la perspectiva teórica de la eficacia de la ayuda, basándose en la Declaración de París (2005) y las experiencias de las reconstrucciones de desastres naturales anteriores. Se pretende examinar la eficacia de la ayuda de reconstrucción en seis dimensiones: la promoción del liderazgo nacional en el proceso de reconstrucción, el cumplimiento de los compromisos de financiación por parte de los donantes, la canalización de la ayuda a través instituciones locales, la alineación de la ayuda con las prioridades nacionales de Haití, la coordinación entre los donantes y la transparencia y rendición de cuentas del proceso de reconstrucción.

En segundo lugar, se pretende evaluar el papel desempeñado por las principales instituciones de coordinación entre los donantes y los receptores – la Comisión Interina de Reconstrucción de Haití (CIRH) y el Fondo de Reconstrucción de Haití (FRH) – en estas seis dimensiones y determinar si la CIRH y el FRH han cumplido con su misión de coordinación.

Planteamos la siguiente pregunta de investigación: ¿cuál ha sido el impacto de la CIRH y el FRH sobre la eficacia de la ayuda de reconstrucción de Haití? Para responder esta pregunta, se evalúa el papel de estas instituciones en las seis dimensiones de la eficacia de la ayuda. Postulamos la hipótesis que la CIRH y el FRH no han ejercido una influencia deseada sobre la promoción de eficacia de la ayuda de reconstrucción. Al mismo tiempo, intentamos sacar a la luz otros factores, que pueden influenciar en estas seis dimensiones de la eficacia de la ayuda de reconstrucción.

La elección de estas seis dimensiones para examinar la eficacia de la ayuda de reconstrucción está justificada por dos argumentos. En primer lugar, estas dimensiones reflejan los principios de la Declaración de París sobre la Eficacia de la Ayuda (2005) acordados en el II Foro de Alto Nivel sobre la Eficacia de la Ayuda organizado por la Organización para la Cooperación y el Desarrollo Económico (OCDE) en 2005. En segundo lugar, estos factores han sido ampliamente analizados en la literatura sobre las reconstrucciones de los desastres naturales anteriores, sobre todo tratando del caso de Tsunami de Océano Indico (Becerra *et al.* 2010; Christoplos 2006; Jawasurja y Mccauley 2008). Los indicadores concretos para la valoración de estas dimensiones serán presentados en el quinto capítulo del trabajo.

1.3. Metodología, limitaciones y estructura de la investigación

Este trabajo se basa en el método de investigación cualitativa y propone analizar las políticas de reconstrucción a través de múltiples pruebas empíricas. Se trata a Haití como un caso de estudio de reconstrucción de desastres naturales (*post-disaster reconstrucción*), pero al mismo tiempo se compara la experiencia de Haití con otros ámbitos, sobre todo con el caso de reconstrucción del Tsunami de Océano Indico en la Provincias de Aceh y Nias en Indonesia. Hay que prestar atención también a la dimensión temporal de la investigación: el estudio se centra en los años 2010-2011, que fue el tiempo del funcionamiento de la CIRH.

La mayor parte de la información primaria fue recogida durante el periodo de trabajo del campo en la República Dominicana y Haití entre enero y febrero de 2012. Durante la estancia, fueron llevadas a cabo 9 entrevistas abiertas con las siguientes personas: un representante del gobierno de Haití, dos diplomáticos de la Republica Dominicana vinculados con la reconstrucción, tres representantes de las agencias multilaterales (Programa de Naciones Unidas al Desarrollo (PNUD), la Comisión Europea, el Fondo de Naciones Unidas para la Infancia (UNICEF)), un representante de la Agencia Española de Cooperación Internacional para el Desarrollo (AECID), la coordinadora de los proyectos de la ONG Bochika (los EE.UU) y una especialista académica de la Republica Dominicana vinculada con los asuntos haitianos. Además, visitamos proyectos de reconstrucción en Puerto Príncipe, la capital de Haití y tuvimos varias conversaciones informales con los representantes de las ONG y otras agencias de la ayuda.[2]

En segundo lugar, se han analizado los datos cuantitativos sobre la financiación y progreso de los proyectos preparados por la Oficina del Enviado Especial de Haití de la ONU[3] y la Oficina de Rendición y Anticorrupción de la CIRH (PAO 2011). Además, se ha revisado una variada gama de fuentes secundarias, como documentos e informes producidos por el gobierno de Haití, las agencias multilaterales y las ONG, periódicos haitianos e internacionales, páginas de web de organizaciones implicadas e investigaciones académicas vinculadas al tema.

Se reconoce varias limitaciones relacionadas con la investigación presente. En primer lugar, se admite que el número de personas entrevistadas ha sido muy limitado y el acceso a las evaluaciones y otros documentos producidos por diferentes organismos internacionales y el gobierno de Haití han sido restringidos. En segundo lugar, el acceso limitado a los datos sobre las reconstrucciones de otros desastres naturales no ha permitido hacer comparaciones concluyentes con el caso de Haití a partir de las variables analizadas. En tercer lugar, se reconoce el corto límite del tiempo que ha pasado desde el terremoto, entonces hay que destacar que cualquier conclusión sobre el grado de la eficacia de ayuda de reconstrucción seria tentativo y preliminar.

[2] La estancia en Republica Dominicana y Haiti tuvo lugar entre los dias 16 enero – 29 de febrero 2012. El viaje a Haiti fue realizado en los dias de 19-22 de enero, 2012.

[3] United Nations Office of the Special Envoy for Haiti. *Tracking International Assistance.* Disponible en: http://www.haitispecialenvoy.org/ (acceso 12 de mayo 2012).

El trabajo está dividido a 6 capítulos. El primer capítulo servirá como introducción, donde se plantea el problema y las preguntas de investigación del trabajo. En el segundo capítulo se presenta los conceptos teóricos relacionados con la problemática de la eficacia de la ayuda de reconstrucción en el caso de desastres naturales, se analiza las experiencias de las reconstrucciones en otros países en vías del desarrollo y se plantea el marco teórico del trabajo, basado en la Declaración de París (OECD 2005). En el tercer capítulo, se examina el impacto de la ayuda al desarrollo en Haití antes del terremoto, y se describe las pérdidas causadas por el terremoto y la ayuda de emergencia y recuperación en Haití.

En el cuarto capítulo, se presta atención al diseño de las instituciones de coordinación para la reconstrucción (la CIRH y el FRH) y se evalúa el progreso de reconstrucción en el periodo 2010-2011. En el quinto capítulo, se plantea los indicadores concretos para la medición de la eficacia de la ayuda y se analiza la experiencia de reconstrucción de Haití en seis dimensiones de la eficacia de la ayuda. Al mismo tiempo, se pone a prueba la hipótesis del trabajo, intentando a evaluar el papel desempeñado por la CIRH y el FRH. En el sexto capítulo, presentamos las conclusiones tentativas del trabajo.

II: Marco teórico: Los desastres naturales y la eficacia de la ayuda internacional en los estados frágiles

En este capítulo, se intenta dar un repaso general sobre la problemática de la eficacia de la ayuda de reconstrucción en los estados frágiles. En primer lugar, se examina a los posibles efectos de desastres naturales en los países pobres y se ve cómo la debilidad institucional puede afectar y dificultar el proceso la reconstrucción económica y social de dichos países. En este análisis, se pone un énfasis especial en las regiones del Caribe y América Central. En segundo lugar, se presenta el debate sobre la eficacia de la ayuda en los estados frágiles en general y se analiza los principales factores que pueden influir en ella.

Más adelante se centra en el examen de "la nueva agenda para la ayuda al desarrollo" – reflejada de una manera general en la Declaración de París (2005) – que era la principal medida de la comunidad internacional para aumentar la eficacia de la ayuda en los países en desarrollo. Al mismo tiempo, se estudia las aplicaciones de los principios de Declaración de Paris en los ámbitos de reconstrucciones de desastres naturales. En el último párrafo, se analiza la experiencia de la reconstrucción de Tsunami de Océano Indico en las Provincias de Aceh y Nías en Indonesia, donde los principales dilemas sobre la calidad de la ayuda estaban presentes. Un énfasis especial está puesto a las instituciones de coordinación, que solucionaron varios problemas relacionados con la eficacia de la ayuda.

2.1. Vulnerabilidad de los países en desarrollo frente a los desastres naturales

En las últimas décadas se ha visto un aumento masivo de destrucción causado por los desastres naturales en el mundo, al mismo tiempo cuando la ayuda internacional destinada a las situaciones humanitarias ha crecido considerablemente (Mowjee y Coppard 2008: 3). El vínculo entre la vulnerabilidad frente a los desastres naturales y la pobreza es ampliamente reconocido. En el nivel macroeconómico, resulta que las pérdidas derivadas de las catástrofes en términos de porcentaje Producto Interior Bruto (PIB) *per capita* suelen ser mucho mayores en los países de renta baja (de Ville de Goyet and Griekspoor 2007). En el nivel de hogares, la vulnerabilidad frente a los desastres está vinculada con los niveles de pobreza, en el sentido de que los desastres constituyen un riesgo económico principal para los hogares pobres (Arnold 2006: 269).

Es evidente también que los desastres naturales tienen un efecto especialmente devastador sobre los países pequeños, sobre todo cuando el alcance de estos desastres es muy grande en relación al tamaño de la economía (Charvériat 2000: 20). En consecuencia, los países de las regiones del Caribe y Centroamérica han sido especialmente vulnerables frente a los efectos de los desastres naturales (Brunton 2000). En estas dos regiones, los efectos derivados de desastres naturales como huracanes y terremotos, han implicado un impacto negativo a corto plazo en el crecimiento económico, y con frecuencia han causado otros efectos económicos y sociales, como el aumento del endeudamiento o subidas en las niveles de pobreza y desigualdad de ingresos (Charvériat 2000: 9).

La ayuda humanitaria y la ayuda de reconstrucción bilateral y multilateral han tenido un papel crucial en el alivio de emergencias en los países en vías de desarrollo.[4] Las organizaciones de ayuda humanitaria internacionales, sobre todo las agencias de la Organización de las Naciones Unidas (ONU), reconocen ampliamente que esta ayuda tiene que estar interrelacionada con las estrategias del desarrollo de largo plazo (UN 2011; Mowjee y Coppard 2008).[5] Sin embargo, la transición entre la fase humanitaria

[4] La asistencia de reconstrucción bilateral o multilateral puede ser basada en los proyectos (*project aid*), puede estar canalizada como la ayuda programática (*program aid*), que implica el apoyo presupuestario general y sectorial, la cancelación de la deuda y los préstamos, y puede tomar forma de la cooperación técnica (Gibson *et al.* 2005: 121).

[5] Las actividades principales de la fase humanitaria incluyen la búsqueda y el rescate de las personas, evacuaciones, distribución de agua y comida, otorgamiento de la sanidad y servicios de salud y construcción de refugios temporales (Amin y Goldstein 2007:30). El objetivo de estas actividades es salvar vidas y no tiene conexiones directas con los objetivos del desarrollo (*ibidem*). Después de satisfacer las necesidades básicas, comienzan a tener importancia las necesidades de recuperación de mediano y largo plazo, como la construcción de vivienda, la reparación de infraestructura y sistemas de agua y saneamiento, el establecimiento del sistema de salud y educación primaria y medios de sustento (*livelyhoods*), como la creación de empleo y el otorgamiento de subsidios para las poblaciones afectadas (Christoplos 2006: 29; Amin y Goldstein 2007: 30). Al mismo tiempo, la atención debe ser prestada a la reducción de la

y la reconstrucción es a menudo problemática, y el fracaso de esta fase puede tener varias consecuencias económicas y sociales que obstaculizan el proceso del desarrollo de largo plazo. En muchos casos, las comunidades afectadas por los desastres siguen viviendo en "un estado de recuperación permanente", no siendo capaces de salir del circulo vicioso de pobreza y vulnerabilidad relacionado con los desastres (Arnold 2006: 27).

2.2. La reconstrucción post desastre y las instituciones débiles

En la comunidad académica hay un consenso acerca de que la eficacia de la ayuda al desarrollo – su impacto sobre el crecimiento económico y la reducción de la pobreza – está principalmente influenciado por las condiciones locales, tanto como la calidad de las instituciones económicas y políticas como el carácter de las políticas aplicadas por los receptores (Burnside y Dollar 2004; Gibson *et al.* 2005). Asimismo, es evidente también que los países con mejor calidad institucional han recibido más ayuda internacional (Burnside y Dollar 2004). De igual manera, las experiencias recientes de diferentes crisis humanitarias han demostrado que la transición de las actividades humanitarias a actividades al desarrollo se ve debilitada especialmente en los países institucionalmente débiles (OECD 2011a).

El progreso de reconstrucción está dificultado – sobre todo en la fase inicial – por varios problemas institucionales, como la ausencia o debilidad del gobierno central, la ratificación lenta de los contratos en los parlamentos, la limitada capacidad de los ministerios y gobiernos locales y la corrupción y captura de los recursos por parte de la elite (*elite capture*) (Takasaki 2011: 1282; Charvériat 2000: 80). Debido a estos factores, los gobiernos no han sido capaces de cumplir las condicionalidades de desembolso de los fondos establecidos por los donantes. Por lo tanto, la falta de capacidad del estado y los problemas institucionales no solo dificultan el proceso de implementación de los programas y los proyectos en el terreno, sino que tienen

---

vulnerabilidad ante los desastres naturales, que es un elemento principal dentro del desarrollo sostenible (OECD 2011a).

también una influencia indirecta causando el incumplimiento de los compromisos de financiación por los donantes (World Bank 2006).

Los estudios sobre la ayuda de reconstrucción en las regiones de América Central y el Caribe han demostrado la baja capacidad de los gobiernos locales y municipios de dar una respuesta efectiva a los problemas causados por los desastres, en particular, "su falta de capacidad para involucrarse de una manera significativa en los proyectos de reconstrucción" (Osland 2006: 49). En Nicaragua y Guatemala, la reconstrucción de vivienda después del huracán Mitch (1998) fue dificultada por la falta de capacidades del gobierno central y los gobiernos locales (ibídem). El informe de *United States General Accountability Office* (USGAO 2003) sobre la reconstrucción post-terremoto en El Salvador (1999-2003) llega a conclusiones similares y demuestra que la reconstrucción de vivienda, escuelas y edificios municipales de El Salvador fue seriamente retrasada debido a varias ineficiencias dentro de las agencias públicas encargadas de los proyectos de reconstrucción.

Las faltas de la coordinación entre el gobierno central y los donantes puede llevar a las brechas, duplicaciones e ineficiencias, que pueden causar una débil correlación entre la ayuda de recuperación y las necesidades de las poblaciones afectadas (Masyrafah y McKeon 2008: 13). Una lección general de los desastres naturales recientes, como Tsunami de Océano Indico (2004-5), Pakistán (2011) y Chile (2010), es que la coordinación y la implementación de los proyectos de reconstrucción dependen del liderazgo de las autoridades nacionales (Masyrafah y McKeon 2008: 13; ONU 2011). Al mismo tiempo, es crucial la inclusión del sector privado, como las empresas y ONG nacionales (World Bank 2006).

Por otro lado, en la literatura se han criticado ampliamente los enfoques de los donantes en estos ámbitos frágiles, que tienen una influencia directa sobre la eficacia de la ayuda. Varios informes de organizaciones internacionales han tratado este tema, destacando problemas, como la imprevisibilidad de los flujos de la ayuda de reconstrucción, la coordinación inadecuada entre los donantes, la falta de alineación con las prioridades nacionales y la canalización de los recursos fuera de las instituciones locales, que pueden obstaculizar el proceso del desarrollo en los estados frágiles (OECD 2011a; UN 2011; ODI 2012). A continuación se intenta a dar un repaso de estos factores, después pasando al análisis de cómo estos desafíos fueron solucionados en el caso de reconstrucción de Aceh y Nias.

2.3. Financiación internacional de recuperación económica y social: el problema de la imprevisibilidad de la ayuda

La mayoría de los estudios sobre los desembolsos de la ayuda internacional destinada a aliviar los efectos desastres naturales han identificado que los niveles de financiación no solo dependen de la magnitud de los desastres y las condiciones socioeconómicas de los países afectados, sino también están, al mismo tiempo, condicionados por la calidad institucional de los países receptores e intereses estratégicos en el comercio y el acceso a los recursos naturales de los donantes (Becerra *et al.* 2010; Raschky y Schwindt 2009). Cabe destacar que la previsibilidad y estabilidad de los flujos de ayuda durante el periodo de reconstrucción tiene importancia crucial para el asentamiento de las bases para el desarrollo económico, social y político sostenible para los países afectados por los desastres (Amin y Goldstein 2007: 30).[6]

La imprevisibilidad en la financiación puede seriamente dañar la recuperación económica y social a largo plazo, porque no solo dificulta la planificación de actividades de reconstrucción, sino que al mismo tiempo tiene efectos perjudiciales sobre la política macroeconómica en general (Levin y Dollar 2005: 5). Centrándonos en la ayuda al desarrollo en general, ha sido evidente que los flujos de la ayuda han experimentado más volatilidad en los países institucionalmente débiles (Levin y Dollar 2005: 3). Es evidente que los receptores de la ayuda más grandes en las regiones de América Central y Caribe, sobre todo Nicaragua, Honduras y Haití, han estado seriamente afectados por el problema de la imprevisibilidad de la ayuda al desarrollo.

---

[6] Por el desembolso de los fondos se entiende al tralasdo de los fondos a la agencia de implementacion (Fuente: United Nations. Office of the Special Envoy for Haiti. *Tracking International Assistance.* Disponible en: http://www.haitispecialenvoy.org/ (acceso 12 de mayo 2012)

GRAFICO I: LA AYUDA OFICIAL AL DESARROLLO (AOD) A EL SALVADOR, GUATEMALA, HAITÍ, HONDURAS, NICARAGUA Y REPÚBLICA DOMINICANA 1991-2009

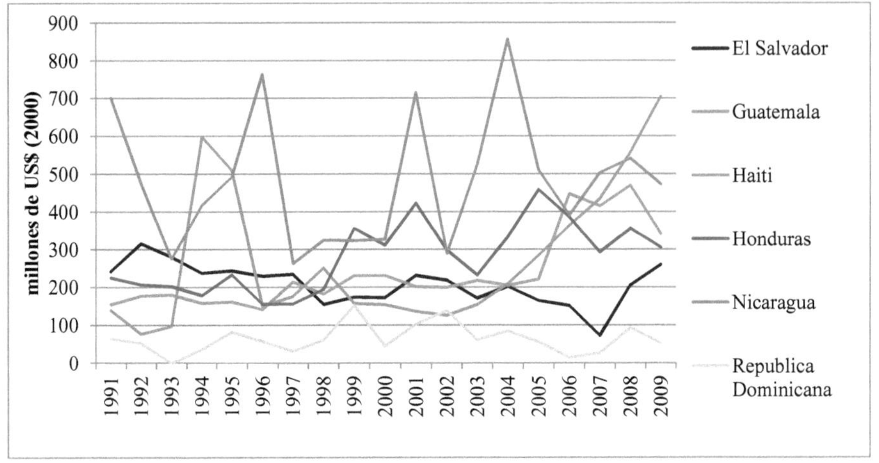

Fuente: Elaboración propia a partir de OECD. *International Development Statistics on line Databases on Aid and Other Resource Flows.*

Algunos de los últimos grandes desastres naturales han demostrado que los fondos de reconstrucción prometidos durante los primeros meses pueden ser retrasados o reducidos posteriormente, que es la causa principal de la imprevisibilidad de esta ayuda. Esta tendencia implica que los programas de rehabilitación y reconstrucción tienden a experimentar dificultades o retrasos (Christoplos 2006: 22; Jawasurja y McCauley 2008:10). El incumplimiento de los compromisos de financiación por parte de los donantes está causado por varios factores externos e internos.

Es evidente que el desembolso de los fondos de reconstrucción – como de una gran parte de la ayuda al desarrollo en los países en los vías del desarrollo – es menudo condicionado por la calidad de instituciones políticas y la aplicación de las políticas macroeconómicas prescritas por las instituciones financieras (Alonso 2006: 175). En la reconstrucción de desastres naturales, las condicionalidades excesivas provocan a menudo el incumplimiento de los compromisos por los donantes, contribuyendo a volatilidad de la ayuda (Amin y Goldstein 2007:30). Como ya se ha señalado, cuando los donantes perciben diferentes problemas institucionales de los receptores y no tienen garantías sobre el uso transparente de los fondos, tienden a retrasar el desembolso de los mismos (Dijkstra y Kormives 2011: 9).

Asimismo, hay que tomar en consideración los factores internos de los países donantes que influyen en la volatilidad de la ayuda de reconstrucción. La financiación de la reconstrucción, como la ayuda al desarrollo en general, está influenciada por las condiciones económicas y los intereses geoestratégicos de los países donantes (Becerra *et al.* 2010: 5). Al mismo tiempo, los desembolsos de la ayuda pueden estar relacionados con el grado de atención de los medios de comunicación y la opinión pública en general. En el caso de grandes emergencias humanitarias, la ayuda humanitaria se desembolsa con rapidez, porque las necesidades inmediatas de las poblaciones desplazadas y traumatizadas tienen una repercusión enorme en los medios de comunicación de los países donantes (World Bank 2006: 6). Al mismo tiempo, los procesos de reconstrucción extendidos, como los casos de Tsunami de Océano Indico o el terremoto de Haití no reciben tanta atención por parte de los medios y la opinión pública, que puede contribuir en el incumplimiento de los compromisos por parte de los donantes.[7]

2.4. La canalización de los recursos a través del estado, la alineación de la ayuda con las prioridades nacionales y la coordinación entre los donantes

Aparte de los dilemas de previsibilidad de la financiación, es importante prestar atención también a las otras dimensiones de la calidad de la ayuda, principalmente a las vías de distribución de esta ayuda en los países afectados por los desastres (Roodman 2006: 1). Las modalidades – las vías del desembolso de la ayuda – tienen unas implicaciones importantes para la eficacia de la ayuda, es decir, para su impacto sobre las metas del desarrollo de los países socios, como la reducción de la pobreza y

[7] Cabe destacar que el dinero desembolsado no significa necesariamente que este dinero está realmente gastado en el terreno. En este sentido, nivel de los desembolsos no es un indicador real que muestre el progreso de la reconstrucción. Para entender el progreso de la reconstrucción, tendríamos que ver cuando dinero se ha realmente gastado en el terreno para llevar a cabo los programas de reconstrucción. Por ejemplo, Jawasurja y McCauley (2008: 10) estiman que solo el 30 % de los fondos desembolsados fueron gastados en el terreno durante los nueve primeros meses en la reconstrucción de Indonesia y Sri Lanka en el 2005.

el aumento de las capacidades institucionales (ibídem). Es evidente que la canalización de la ayuda a través de las instituciones del gobierno y la alineación con las prioridades nacionales de los países socios es fundamental para el aumento de las capacidades locales (OECD 2011a).

En muchos de los estados frágiles, sobre todo en África Subsahariana, pero también en algunos países de Asia y América Latina, los donantes no han tenido confianza en los regímenes políticos e instituciones públicas locales y debido a ello, no han proporcionado ayuda programática directamente al gobierno (Renard 2005: 17; Dijikstra y Kormives 2011: 4). La asistencia en los estados frágiles ha basado en mayor o menor medida en la modalidad de los proyectos, que son ejecutados directamente por las diferentes agencias de los donantes o las ONG (Renard 2005: 17). Al mismo tiempo, los gobiernos, los parlamentos nacionales y las organizaciones de la sociedad civil no han ejercido ningún control sobre el uso de la ayuda. Hoy en día, es ampliamente reconocido que este enfoque no ha sido eficaz en promoción del desarrollo, porque no ha favorecido el aumento de la capacidad de la administración pública local y la apropiación de los proyectos por parte de los receptores (OECD 2011a: 16). Todo esto implica que muchos de los proyectos del desarrollo no han sido sostenibles después de la salida de los donantes.[8]

La ayuda basada en la modalidad de los proyectos ha creado ineficacias, como falta de coordinación y la duplicación de las intervenciones de diferentes donantes (Renard 2005: 17). Además, el influjo masivo de los actores internacionales, sobre todo las ONG, han tenido efectos perjudicables sobre las instituciones locales. Los sistemas burocráticos creados por las agencias de los donantes han constituido un cuerpo paralelo al sector público de los países receptores, que ha puesto un peso adicional sobre las instituciones locales (ODI 2012: 3). Al mismo tiempo, los salarios más altos han creado una fuga de cerebros desde las instituciones locales hacia los organismos internacionales y las ONG (OECD 2011a: 15).

[8] Por ejemplo, en el caso de la reconstruccion de post terremoto en El Salvador en 1999-2003, varios proyectos implementados por la USAID no tenían capacidades a continuar sus actividades después del fin de la financiación externa, porque los gobiernos locales faltaban recursos para el mantenimiento de las infraestructuras, clínicas y escuelas construidas por la asistencia estadounidense (USGAO 2003).

Otro asunto transcendental ha sido la coordinación entre los actores de ayuda, que tiene una relevancia especial en los ámbitos de desastres naturales. Como se ha resaltado en varios informes de la OCDE (OECD 2011a) y la ONU (UN 2011), los donantes internacionales han faltado acercamientos para alinear sus intervenciones al desarrollo con las prioridades nacionales de los receptores. Es evidente que el número de actores involucrados en las actividades humanitarias y de reconstrucción – los estados miembros de la Comité de la Ayuda al Desarrollo de la OCDE, otros donantes, las agencias multilaterales, los fondos globales, y las ONGs — ha crecido considerablemente durante los últimos desastres masivos (World Bank 2006: 7). Este proceso ha dificultado la coordinación efectiva entre ellos, creando competencia de donantes por los recursos, aumentando los costes de transacción y dificultando el seguimiento de los flujos de fondos (Masyrafah y McKeon 2008, Christoplos 2006).

2.5. La Declaración de París sobre la Eficacia de la Ayuda

Los problemas vinculados con la eficacia de la ayuda han sido ampliamente percibidos por la comunidad internacional y han nutrido a varios debates académicos durante la última década. Múltiples foros y reuniones multilaterales se han dedicado al tema, mas notablemente los Foros de Alto Nivel sobre la Eficacia de la Ayuda organizados por la OCDE (Roma 2003, Paris 2005, Accra 2008 y Busan 2011) (Rueda-Junquera y Delgado 2011: 22). En la década del 2000 surgió una nueva agenda para la ayuda al desarrollo que percibe a la ayuda externa como una herramienta indispensable para la reducción de la pobreza y la consecución de Objetivos de Desarrollo del Milenio (OECD 2005: 1). Los principios más importantes de la nueva agenda para la cooperación al desarrollo están recogidos en la Declaración de París sobre la Eficacia de la Ayuda acordados en el Segundo Alto Foro de Eficacia de la Ayuda en la capital francesa en 2005 (Tabla I).[9]

[9] La OCDE ha desarrollado 13 indicadores concretos para medir el progreso en aplicación de los principios de la Declaración de Paris (OECD 2011b).

TABLA I: LOS CINCO PRINCIPIOS DE LA DECLARACIÓN DE PARÍS (2005) Y LAS MEDIDAS CONCRETAS APLICADAS:

Principio	Medidas aplicadas
Apropiación: Los países socios ejercen un liderazgo efectivo sobre las políticas y estrategias de desarrollo	Los países socios (los receptores) comprometen a poner en marcha estratégicas nacionales para el desarrollo y reducción de la pobreza
Alineación: Los donantes basan su ayuda en las estrategias nacionales del desarrollo de los países socios y canalizan su ayuda a través instituciones nacionales	Los donantes comprometen a: proporcionar más ayuda a través de presupuestos nacionales de los países socios, alinear la ayuda con prioridades expuestos en los planes nacionales, aumentar la previsibilidad de la ayuda, reducir ayuda ligada
Armonización: Las actividades de los donantes son coordinadas, transparentes y eficaces	Los donantes comprometen a utilizar disposiciones o procedimientos comunes (proporcionando más ayuda programática y reduciendo el número de los proyectos y otros obstáculos burocráticos)
Gestión orientada a los resultados: los donantes y los países socios deben administrar y supervisar la ayuda en una manera adecuado para aumentar su impacto sobre el proceso del desarrollo	Los ambos partes comprometen a producir informes de evaluación y seguimiento sobre los avances en los dimensiones claves de las estrategias de desarrollo nacionales y sectoriales
Mutua responsabilidad: ambos los donantes y los países socios son responsables por los resultados del desarrollo	Los ambos partes comprometen a garantizar la transparencia del uso de recursos

Fuente: Elaboracion propia a partir de OECD (2005)

La nueva agenda incluyó una serie de elementos, como el establecimiento del protagonismo de los gobiernos nacionales en la planificación e implementación de las actividades del desarrollo, la generación de apropiación de los programas de ayuda por parte de los gobiernos y la promoción de las relaciones más horizontales entre los donantes y receptores (Alonso 2009: 188). Queda especialmente enfatizado el papel de la ayuda en el incremento de las capacidades de las instituciones políticas y económicas de los países receptores. Al mismo tiempo, es necesario prestar atención a los mecanismos de coordinación, que permitan reducir las duplicaciones y diferentes obstáculos burocráticos.

Se ha acordado también la aplicación de algunas medidas concretas, que pueden aumentar la eficacia de la ayuda. Los países socios tienen que poner en marcha las estrategias nacionales de la reducción de la pobreza, garantizando de esta manera el uso transparente de los fondos. Los donantes se han comprometido a proporcionar más ayuda programática (mediante el apoyo presupuestario general y sectorial) y coordinar sus intervenciones con los actores privados (OECD 2005: 5). La importancia de la ayuda programática reside en la afirmación que son los gobiernos y organizaciones locales que ejercen el liderazgo del programa – a diferencia de la ayuda basada en los proyectos (AECID 2009: 3). En este sentido, una énfasis especial está puesto al apoyo presupuestario canalizado a través de los sistemas nacionales, que reflejan directamente los principios de apropiación y alineación (Dijikstra y Kormives 2011: 15). Asimismo, el principio de mutua responsabilidad implica que ambos donantes y receptores tenían que garantizar la transparencia de sus actividades.

Es evidente que la aplicación de estos principios es especialmente importante en el contexto de los desastres naturales, cuando los gobiernos y las instituciones locales del país afectado son especialmente vulnerables (Christoplos 2006: 40). La Declaración de París (OECD 2005: 2) destaca que es "crucial armonizar la asistencia humanitaria y la ayuda al desarrollo en el marco de las agendas de crecimiento y reducción de la pobreza de los países socios."

La aplicación de estos principios se logrará solamente mediante la cooperación de los países socios y los donantes, dependiendo claramente de la voluntad de las ambas partes (Rueda-Junquera y Delgado 2011: 23). Algunos trabajos argumentan que debido a las grandes diferencias entre los contextos de los países en las vías del desarrollo, estos principios son difícilmente aplicables (Dijikstra y Kormives 2011: 15; Hyden 2008: 261). Al mismo tiempo, los donantes y los países socios pueden poner énfasis en diferentes aspectos de estos principios. Como afirman Rueda-Junquera y Delgado (2011: 23): "los donantes estarían poniendo más énfasis en la gestión orientada a resultados, la mutua responsabilidad y la armonización, mientras que los países socios estarían centrándose en el fortalecimiento de la apropiación y la alineación."

Todavía no hay resultados tangibles relacionados con la nueva agenda de la ayuda. El monitoreo de la aplicación de los principios de la Declaración de París durante el periodo 2005-2010 muestra, que el progreso ha sido muy moderado: es evidente que estos principios no están aún introducidos en la mayoría de los países (OECD 2011b). Algunos estudios del caso reflejan la misma idea que la implementación de estos principios ha sido limitada. Por ejemplo, Dijkstra y Kormives (2011) muestran que en el caso de Nicaragua, Honduras y Bolivia, la aplicación de principios de Declaración de París ha sido obstaculizada por los diferentes problemas institucionales y la falta de voluntad por parte de los donantes para acercar su ayuda a los principios de París. A continuación tornamos a la evaluación de la eficacia de la ayuda en la reconstrucción de Aceh y Nías y el papel desempeñado por las instituciones de coordinación.

2.6. La eficacia de la ayuda en la reconstrucción de Aceh y Nías y el papel de las instituciones de coordinación

El caso de la reconstrucción del Tsunami de Océano Indico en las provincias de Aceh y Nías en Indonesia en 2005-2010 propone varias lecciones y puntos de comparación con la reconstrucción de Haití. Las perdidas extraordinarias producidas por los fenómenos naturales, la escala enorme del financiamiento internacional y el gran número de donantes públicos y privados implicados fueron principales puntos comunes entre los dos casos (Becerra *et al.* 2010: 2).[10] Al mismo tiempo, la inestabilidad política (regional en Aceh, nacional en Haití) proporcionó varios

[10] En el tsunami del Océano Índico en Aceh y Nias y el terremoto de Haití perdieron la vida de 167 000 y 220 000 personas y causaron un dano de US$ 4,5 y US$ 7,8 mil millones, respectivamente (BRR 2006; Gouvernement de la République d'Haïti 2010a). De acuerdo con ReliefWeb de las Naciones Unidas, US$ 6,2 mil millones de dólares fueron comprometidos para la ayuda humanitaria de los países afectados por el tsunami del Océano Índico y US$ 3,3 mil millones de dólares fueron prometidos para ayudar a Haití (Becerra *et al.* 2010: 2).

desafíos para la coordinación efectiva entre el gobierno nacional y los donantes internacionales.[11]

Como en Haití, en Aceh y Nías los donantes mostraron una gran voluntad de basar su ayuda en los principios de la eficacia de la ayuda: alinear la ayuda con las prioridades nacionales, canalizar los flujos a través de las instituciones locales y establecer una coordinación efectiva entre los donantes. Para cumplir con estas metas, dos organismos de reconstrucción – la Agencia de Reconstrucción y Rehabilitación de Aceh y Nías (BRR) y el Fondo de Reconstrucción de Aceh y Nias – fueron puestos en marcha conjuntamente por el gobierno nacional y los donantes. Estas instituciones tenían como objetivos coordinar las actividades de reconstrucción, canalizar la ayuda internacional, supervisar el proceso de la reconstrucción y garantizar la transparencia y la rendición de cuentas necesaria.

La BRR (2005-2009) era una agencia pública, creada por el gobierno central de Indonesia con el objetivo de gestionar y coordinar los programas de reconstrucción – financiados por la vía externa o domestica – en las áreas geográficas afectadas por el tsunami (BRR 2006: 18). La BRR dependía directamente del presidente de Indonesia y esta agencia tenía el derecho de aprobar o rechazar los proyectos propuestos por los donantes, permitiéndole ejercer un control fuerte sobre el proceso de reconstrucción (Masyrafah y McKeon 2008: 13). La BRR ejecutó directamente algunos programas del gobierno, al mismo tiempo proporcionado un soporte técnico y administrativo a las agencias de donantes y las ONGs (ibídem).

Al mismo tiempo, los fondos multidonantes (*multi donor trust funds*) han sido uno de los principales mecanismos de financiación de las reconstrucciones en ámbitos de post conflictos y post desastres (Afganistán, Irak, Sudan, Liberia, Sri Lanka) (HRF) 2011: 22). La financiación está canalizada a un fondo común por los donantes que les permite financiar a diferentes sectores prioritarios establecidos por el gobierno de manera efectiva y consistente. En el terreno, los proyecto están implementados por el

---

[11] Desde 1976, la Provincia de Aceh fue impactado por el conflicto militar entre el gobierno central y Movimiento de Liberación de Aceh. Sin embargo, el desastre natural habría podido tener un efecto positivo sobre la construcción de paz en Aceh - el Gobierno de Indonesia y el Movimiento Aceh Libre (GAM) el firmaron el acuerdo de paz en Helsinki en 15 de agosto de 2005 (BRR 2006: 18).

gobierno o las agencias de socios, sobre todo por el Banco Mundial y el PNUD (HRF 2011: 9). Este tipo de fondos comunes proponen a solucionar varios problemas relacionados con la eficacia de la ayuda, sobre todo permitiendo alinear la ayuda con las prioridades nacionales, aumentar el cumplimiento de los compromisos por parte de los donantes y mejorar la coordinación (Barakat 2009: 108).

El Fondo de Reconstrucción de Aceh y Nias fue establecido por el Banco Mundial en 2005. El Fondo ha tenido varios efectos positivos: por ejemplo, ha permitido canalizar los fondos para los sectores prioritarios como la vivienda y la infraestructura, ha asegurado a los donantes que su uso será transparente y ha reducido los costes de transacción (Masyrafah y McKeon 2008: 29). Sin embargo, otros aspectos del fondo han sido ampliamente criticados. Solo el 7 % de los recursos fueron canalizados a través del Fondo, que redujo su importancia relativa dentro del proceso de reconstrucción (Barakat 2009: 112). Al mismo tiempo, era de resaltar que la participación del gobierno en la toma de decisiones sobre los proyectos era limitada (ibídem).

A pesar de que la reconstrucción fue dificultada por varios obstáculos propuestos por la debilidad institucional local – sobre todo la falta capacidades de agencias públicas y los gobiernos locales de Indonesia – se puede valorar el proceso de reconstrucción como un éxito (Masyrafah y McKeon 2008: 39). Los programas de reconstrucción llevaron consigo unas inversiones importantes en sectores sociales, mejorando las condiciones de vivienda, la calidad de infraestructura y los servicios públicos existentes antes del desastre, al mismo tiempo aumentando las actividades económicas en las áreas afectadas (BRR 2006:iii; Christoplos 2006: 33). Además, hay testigos que la asistencia había contribuido para el incremento de la capacidad de administración pública local en las áreas afectadas (Christoplos 2006: 38).

Aunque la mayoría de la ayuda no fue canalizada a través de las instituciones del estado y una gran parte de los proyectos fueron ejecutados por las agencias multilaterales y las ONGs, es evidente que el gobierno ejerció una supervisión fuerte sobre la implementación de los proyectos en el terreno mediante la BRR. Esto aseguró que los proyectos siguen las líneas propuestas por los planes nacionales de la reconstrucción (Masyrafah y McKeon 2008: 26). Era notable el control de la BRR sobre las actividades de más de 600 ONGs actuando en Aceh y Nías.[12] La BRR funcionó como una mesa redonda entre los donantes y los representantes del gobierno, al mismo tiempo permitiendo un liderazgo nacional fuerte sobre el proceso. Además, la imprevisibilidad de la ayuda fue evitada debido el papel desempeñado por la BRR y el fondo multidonante, que permitió demostrar a los donantes que el uso de los fondos fue transparente y la reconstrucción estaba bien gestionada por el gobierno (Masyrafah y McKeon 2008: 14). Los donantes desembolsaron más de US$ 6,7 mil millones de asistencia de reconstrucción, que era el 93 % de los recursos comprometidos para el periodo 2005-2009.[13] En conclusión, la reconstrucción de Aceh y Nías ofrece un ejemplo de las políticas de reconstrucción exitosas, que han permitido el liderazgo del gobierno nacional, la alineación de la ayuda con los planes nacionales de la reconstrucción, la coordinación entre los donantes, la transparencia de las intervenciones y la previsibilidad de la financiación de los donantes.

---

[12] Asian Development Bank. *BRR Aceh-Nias presentation at ADB Workshop on Post-Tsunami Lesson Learned.* 2009. Disponible en: http://www.scribd.com/AsianDevelopmentBank. (acceso 5 de mayo 2012).
[13] Ibidem.

3. 1. Las condiciones económicas, sociales y políticas antes del terremoto

Haití es el país más pobre de la región Latinoamericana, cuyos indicadores económicos y sociales son comparables con los países de África Subsahariana. El PIB *per cápita* de Haití (US$ 670 en 2011), no ha aumentado considerablemente durante últimos cuatro décadas (Collier 2009: 2; World Development Indicators 2012).[14] En 2010, Haití ocupó la posición 158 entre los 187 países en el Índice de Desarrollo Humano de Naciones Unidas. Se estima que 67 % de la población vivía en pobreza (menos de US$ 2 *per cápita* al día) antes del terremoto, aunque no hay datos sobre indicadores de la pobreza en el periodo posterior del terremoto (Gouvernement de la République d'Haïti 2010a: 5). Como la mayoría de los otros países en la región del Caribe, Haití ha sido extremadamente vulnerable frente a desastres naturales, como huracanes, tormentas y terremotos.

GRÁFICO II: EVOLUCIÓN DEL PIB *PER CÁPITA* DE HAITÍ, NICARAGUA, HONDURAS, GUATEMALA, EL SALVADOR Y LA REPUBLICA DOMINICANA EN 1994-2010

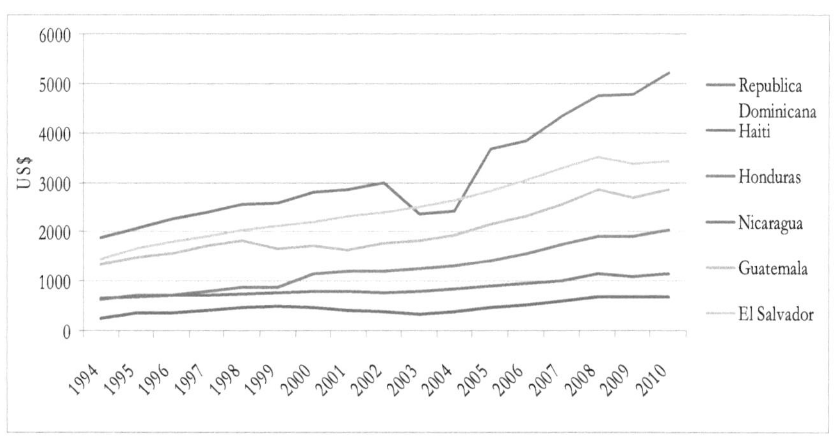

Fuente: Elaboración propia a partir de World Bank. *World Development Indicators*.

[14] World Bank. *World Development Indicators: Haiti*. Disponible en línea: http://data.worldbank.org/country/haiti (acceso 5 de mayo 2012).

Desde el fin de la dictadura de la dinastía de Duvalier (1957-1986), el país ha estado caracterizado por una inestabilidad política persistente. Las primeras elecciones democráticas del país en 1990 llevaron al poder Jean-Bertrand Aristide, pero solo siete meses después de las elecciones el gobierno de Aristide cayó a través de un golpe militar organizado por las facciones de élite relacionadas con el antiguo régimen de Duvalier (Taft-Morales y Ribando 2007: 1). La administración de William J. Clinton de los EE.UU. decidió intervenir en Haití en 1994 con el objetivo de restaurar la democracia en la isla.

Las administraciones René Preval (1996-2000) y Jean-Bertrand Aristide (2001-2004) estuvieron caracterizadas por la violación de los derechos humanos y corrupción. En 2004, Aristide fue nuevamente forzado a dejar su cargo cuando grupos armados tomaron el control de más de la mitad del país (Taft-Morales y Ribando 2007: 10). Un nuevo gobierno de transición sustituyó a Aristide en 2004, y a partir de allí, la estabilidad política ha estado garantizada por la Misión de Estabilización de las Naciones Unidas (MINUSTAH), compuesta inicialmente por 6700 militares y 1300 policías (Silva 2011: 59).

Las elecciones durante las últimos décadas han estado caracterizadas por los fraudes, bajos porcentajes de participación electoral y protestas políticas violentas (Taft-Morales y Ribando 2007: 5). Los grupos paramilitares vinculados con el ex dictador Jean-Claude Duvalier, han desestabilizado el país continuamente. Las crisis políticas internas causaron intervenciones extranjeras, la más importante fue la de los EE.UU. en 1994. Haití ocupó el duodécimo lugar en el Índice de Estados Fallidos de la revista de *Foreign Policy* en 2009, cayendo al quinto lugar en 2011. Esto refleja no sólo la grave situación humanitaria del país, sino también otros problemas, como la falta de la legitimidad estatal, la persistencia de violencia, la falta del respecto a los derechos humanos y el acceso limitado a los servicios públicos. [15]

[15] Foregin Politicy. *Failed states Index 2011*. Disponible en línea: http://www.foreignpolicy.com/articles/2011/06/17/2011_failed_states_index_interactive_map_and_rankings (acceso 1 de mayo 2012).

3.2. La ayuda al desarrollo en Haití antes del terremoto

Haití ha sido el receptor más grande de la ayuda al desarrollo de la región del Caribe durante las últimas décadas. Se ha estimado que la comunidad internacional ha proporcionado en total más de US$ 10 mil millones de la ayuda económica y social a Haití desde los años 1960.[16] Los objetivos principales de la asistencia han sido económicos, sociales y políticos: el desarrollo económico sostenible, la reducción de la pobreza y desigualdad, el fortalecimiento de las instituciones democráticas y la promoción de derechos humanos. Los principales donantes han sido los EE.UU, el BID, la Unión Europea, Canadá, Francia y España.

GRAFICO III: AYUDA OFICIAL AL DESARROLLO (AOD), AYUDA HUMANITARIA Y LOS GASTOS DE MINUSTAH EN HAITÍ 1989-2008

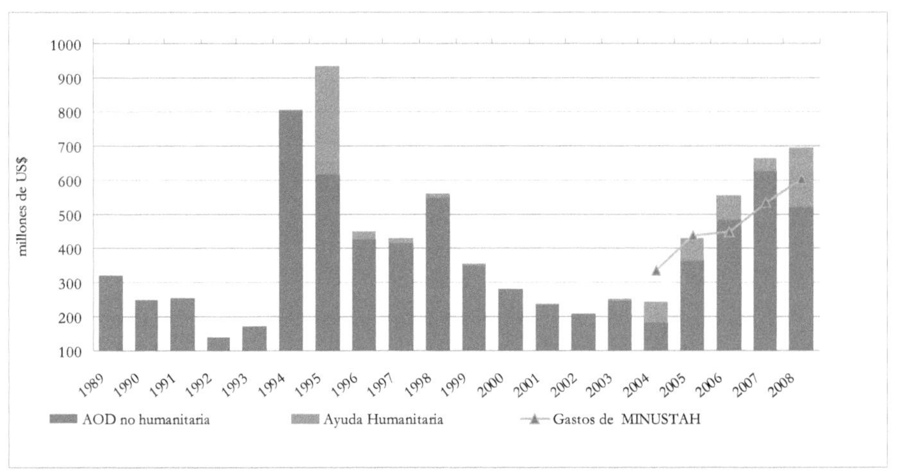

Fuente: Elaboración propia a partir de los datos de OECD (2008)

Durante los últimos veinte años, los flujos de la ayuda han variado a causa de las crisis políticas y los efectos de los desastres naturales. La asistencia ha aumentado considerablemente a partir de 2005, que ha estado vinculado principalmente con el colapso del gobierno de Aristide y el comienzo de la misión de MINUSTAH en 2004.

16 OECD. *International Development Statistics on line Databases on Aid and Other Resource Flows.* Disponible en línea: http://www.oecd.org/dataoecd (acceso 25 de abril 2012).

La ayuda humanitaria ha formado constantemente una parte importante de la AOD, sobre todo en el caso de las tormentas tropicales en 1994 y los efectos de los huracanes y la crisis alimentaria en 2008. Al mismo tiempo, los gastos de la misión de estabilización de la MINUSTAH son comparables con los flujos de la AOD.

Durante las últimas décadas, la economía de Haití ha sido en mayor o menor medida dependiente de la ayuda externa. En 2008, Haití recibió US$ 92,3 de la AOD *per cápita.* Esta cifra es considerablemente más alta que la media de los países frágiles ($ 36), aunque menor que los receptores más grandes, como Irak (US$ 321), Afganistán (US$ 167) y Ruanda (US$ 117) (OSE) 2011: 7). Durante los últimos años, la AOD ha constituido una de las fuentes principales de los ingresos del gobierno, superando la renta interna (*internal revenue*) en el presupuesto anual del gobierno. La AOD neta constituyó el 113 % de la renta interna en el presupuesto del año fiscal 2005 y el 130 % en 2009 (OSE 2011: 6).

3.3. El debate sobre la eficacia de la ayuda en Haití

A pesar de los grandes volúmenes de ayuda, se ha resaltado ampliamente que la ayuda no ha logrado a crear un impulso para el desarrollo económico y social (Fatton 2011, Natsios 2010, Buss y Gardner 2006). Asimismo, los programas destinados a aumentar la capacidad (*capacity-building*) de la administración pública no han producido resultados persistentes (Buss y Gardner 2006: 11). La eficacia de la ayuda al desarrollo en Haití se ha criticado desde varios enfoques y las explicaciones principales por la ineficacia se dividen en dos: por un lado se ha concentrado en la debilidad e inestabilidad de las instituciones locales (Natsios 2010; Buss y Gardner 2006), y por otro lado, se ha criticado las políticas de los donantes, sobre todo la excesiva condicionalidad de los flujos, las modalidades de la ayuda y el diseño inadecuado de los proyectos (Fatton 2011; OSE 2011).

Haití ha estado prácticamente ingobernable durante las últimas dos décadas, a causa de la debilidad extrema de las instituciones políticas, como el parlamento, el sistema judicial y el presidente y la falta de legitimidad de los gobiernos electos. Durante la década del 2000, los conflictos prolongados entre el parlamento y presidente han constituido un obstáculo constante para la cooperación efectiva entre el gobierno y los donantes (Buss y Gardner 2006). Asimismo, la falta de capacidad del gobierno para administrar y coordinar los programas de la ayuda ha sido un problema persistente (Buss y Gardner 2006: 11). Los sistemas financieros y presupuestarios de Haití no funcionan propiamente, que dificulta enormemente la gestión de los recursos proporcionados por los donantes (ibidem). Otros problemas sociales, como la violencia vinculada con el crimen organizado y la existencia de diferentes grupos paramilitares ha sido un problema persistente.

Al mismo tiempo, se puede destacar varias deficiencias en las políticas aplicadas por los donantes. Es evidente que la ayuda internacional ha sido extremadamente cíclica y muy a menudo, los donantes no han cumplido con sus compromisos de financiación previamente establecidos (Gráfico II). La extrema inestabilidad política ha tenido una influencia considerable sobre los flujos de la ayuda internacional. Por ejemplo, de los fondos prometidos para el periodo 2004-2007, solo el 47,5 % fue desembolsado a finales de 2007 (OSE 2011: 11). Es evidente que varios factores, como las suspensiones y recortes, las condiciones inefectivas, la fragmentación y la ausencia del claro enfoque político han contribuido para la baja eficacia de ayuda (Buss y Gardner 2006:14).

Al mismo tiempo, los problemas institucionales y la corrupción crónica no han permitido a los donantes a canalizar los recursos a través del estado haitiano (Fatton 2011, Intermon Oxfam 2010). Muy a menudo, los donantes argumentaron que era contraproducente fortalecer a las instituciones haitianas, cuando los gobiernos estaban aplicando políticas antidemocráticas, represivas y corruptas (Crane *et al.* 2011: 140). A partir de la década de los 90, la mayoría de los donantes comenzaron a canalizar los recursos a través de ONG internacionales y agencias multilaterales (Intermon Oxfam 2010: 182). La ayuda se ha basado en la modalidad de los proyectos – implementados principalmente por las ONG y agencias multilaterales – y la participación de las instituciones haitianas ha estado muy limitada. Esto implica que pocos recursos se han canalizado directamente a través el estado haitiano mediante las subvenciones o el apoyo presupuestario (OSE 2011: 11).

Se estima que más de 3000 ONG internacionales actuaban en Haití antes del terremoto (Kristoff y Panarelli 2010: 1). El número excesivo de las ONG extranjeras ha contribuido para la fragmentación del sistema de la ayuda en Haití. En muchos casos, las agencias multilaterales y las ONG han sustituido al estado haitiano como proveedor de los servicios públicos. Intermon Oxfam (2010: 182) resalta que "cerca del 85% de la educación primaria y secundaria y del 70% de los servicios de salud en el sector rural estaban privatizados". Por ejemplo, en 2007-2008, los programas financiados por las diferentes agencias de los EE.UU. proporcionaron 44 % de servicios de salud en Haití (Save the Children 2009: 1). No existe ningún mecanismo de control sobre las actividades de las ONGs, los que implica que no hay rendición de cuentas por parte de las ONGs internacionales al gobierno haitiano (Fatton 2011: 45).

A partir del 2004, después del comienzo de la misión de MINUSTAH, los donantes han intentado dar un nuevo enfoque a la cooperación para el desarrollo de este país. Los donantes reconocieron que la ayuda no se correspondía con los principios de la Declaración de París (2005), y debido a ello no ha sido efectiva en la promoción del desarrollo y fortalecimiento de las capacidades institucionales de Haití. Mediante la ayuda de la ONU, la Comisión Europea, el Banco Mundial y el BID fue elaborada la nueva estrategia de la cooperación en Haití para los años 2004-2006, que tenía que sentar las bases para el desarrollo sostenible en el futuro (Winters 2008: 284).

Durante el gobierno de René Preval (2006-2011) fue formada la estrategia nacional para la reducción de la pobreza (*Interim Poverty Reduction Strategy*) para los años 2007-2009. Mediante esta estrategia, los donantes trataron de implicar las instituciones del estado y la sociedad civil haitiana en la formulación de estrategias al desarrollo (Crane *et al.* 2011: 140). Sin embargo, la mayoría de los programas del desarrollo fracasaron al lograr resultados contundentes debido a varios problemas, como huracanes y la crisis alimentaria de 2008. Al mismo tiempo, muy pocos recursos fueron canalizados a través de los sistemas nacionales de Haití. En 2009, solo el 3 % de la AOD fue canalizado como el apoyo presupuestario (OSE 2011: 8).

3.4. El impacto del terremoto. Las pérdidas humanas y materiales

En 12 de enero 2010, Haití sufrió un terremoto de 7,3 puntos en la escala de Richter. El epicentro del terremoto estaba situado solo a 17 kilómetros de la capital de Haití Puerto Príncipe. Las localidades afectadas se situaban principalmente en el sur del país (Puerto Príncipe, Léogāne, Jacmel and Petit-Goāve) pero repercutió a toda la nación. Las pérdidas humanas fueron enormes – el gobierno de Haití ha estimado que el terremoto causó la muerte de 220 000 personas y alrededor de 1,5 millones de personas estaban directamente afectadas por el terremoto. Alrededor de 1,3 millones de personas necesitaban refugios temporales en el área metropolitana de Puerto Príncipe (Gouvernement de la République d'Haïti 2010a: 5).

El terremoto tuvo unos efectos devastadores sobre la administración pública haitiana. El 60 % de los edificios administrativos del gobierno fueron destruidos, incluido el Palacio Presidencial. El estado perdió casi el 20 % de sus funcionarios. Además, la desaparición de registros, títulos, papeles y contratos propuso un desafío enorme para las actividades de recuperación (Intermon Oxfam 2010: 185). Alrededor de 105 000 viviendas fueron totalmente destruidas y más de 208 000 sufrieron daños. Más de 1300 instituciones de educación y alrededor de 50 hospitales y centros de salud se colapsaron (Gouvernement de la République d'Haïti 2010a: 6). El Programa de Evaluación de Necesidades Inmediatas del gobierno (Gouvernement de la République d'Haïti 2010a) estima que el impacto económico directo fue US$ 7,804 mil millones, equivalente al 120% del PIB haitiano de 2009. Se estima que el terremoto de Haití tuvo un efecto mayor sobre la economía nacional que cualquier desastre natural ocurrido anteriormente en otro país (ibídem). El valor total de los activos físicos destruidos – incluyendo viviendas, escuelas, hospitales, edificios, carreteras y puentes, puertos y aeropuertos – se ha estimado en US$ 4,302 mil millones.

Es evidente que el impacto del terremoto fue tan devastador debido a la vulnerabilidad extrema del país enfrente los desastres naturales. El epicentro estaba localizado cerca de áreas urbanas densamente pobladas – en el momento de terremoto habitaban casi 3 millones de personas en el área metropolitana de Puerto Príncipe. Su preparación frente a los desastres naturales era inexistente: el proceso de urbanización incontrolado estuvo reflejado en el desorganizado uso del suelo, la ausencia de normas de construcción adecuadas y la división desigual de las actividades económicas (Gouvernement de la République d'Haïti 2010b: 6).

3.5. Respuesta humanitaria de la comunidad internacional

La respuesta humanitaria de la comunidad internacional a la catástrofe de Haití tenía unas dimensiones inmensas, que puede ser comparada solamente con la situación de emergencia del Tsunami de Océano Indico en 2004. Las primeras tareas humanitarias, como el rescate de las personas atrapadas en los edificios derrumbados y la atención médica inmediata, fueron ejecutadas por la población haitiana, las autoridades del gobierno y el sector privado haitiano. Las autoridades nacionales se vieron extremadamente debilitadas por la destrucción de infraestructuras, el gran número de funcionarios fallecidos y "*el shock* psicológico" (Intermon Oxfam 2010: 187).

Las noticias sobre el impacto devastador del terremoto llegaron a todos los países del mundo a través de los medios de comunicación y una enorme cantidad de los recursos fue movilizada. Las ONG internacionales, las agencias de multilaterales y las fuerzas armadas de diferentes países desplazaron su personal a Haití de una manera inmediata. Los organismos internacionales actuando en el país, como la MINUSTAH y las agencias de ONU sufrieron pérdidas enormes y su capacidad de respuesta fue seriamente reducida (Crane *et al.* 2011: 142). A pesar de esto, la respuesta de emergencia de las agencias de la ONU, sobre todo la OCHA (*UN Organization of Coordination of Humanitarian Affairs*) y el PNUD, fue considerablemente rápido. Sin embargo, la entrada de personal de la ayuda estuvo dificultada por varios factores, como las dificultades del transporte, la falta de personal cualificado, y los problemas seguridad (Intermon Oxfam 2010: 187).

El país vecino Republica Dominicana desempeño un papel importantísimo en la respuesta inicial del terremoto. Desde primer día, el gobierno dominicano proporcionó sus medios de transporte, aeropuertos y puertos marítimos para el traslado rápido de todo tipo de ayuda humanitaria (Crane *et al.* 2011: 142). Un gran número de haitianos cruzó la frontera para recibir tratamiento médico (Wooding 2011: 121). El gobierno dominicano respondió efectivamente a todas las demandas que surgieron en el área fronteriza, sobre todo lo relacionado con el transporte. Al mismo tiempo, el gobierno dominicano y varias organizaciones de la sociedad civil dominicana proporcionaron una gran cantidad de los recursos, sobre todo comida y medicamentos (ibídem).

4.1. La planificación de la reconstrucción. La Conferencia de Nueva York

El terremoto de 12 de enero de 2010 llevó consigo un aumento importante de asistencia a Haití, ofreciendo una posibilidad para la "refundación" del país. Aunque la respuesta humanitaria de los donantes internacionales fue relativamente bien organizada y coordinada, ha quedado claro que la reconstrucción social y económica va ser un proceso gradual y lento, que necesita planificación y diseño cuidadoso (Crane *et al.* 2010: 141). Desde el principio, estaba claro que el país enfrenta desafíos enormes, como la gestión y la canalización de los recursos de la ayuda y la coordinación entre el gobierno y los donantes internacionales. Al mismo tiempo, la comunidad internacional reconoció el enorme reto que conlleva la debilidad de las instituciones haitianas.

Las bases de reconstrucción fueron establecidas en la Conferencia Internacional de Donantes para el Nuevo Futuro de Haití el 31 de marzo 2010 en la sede de la ONU en Nueva York, donde participaron el gobierno de Haití, 150 naciones donantes, varias agencias multilaterales y los representantes de la sociedad civil y las ONG.[17] En esta conferencia, el gobierno de Haití presentó su Plan de Acción para la Recuperación y el Desarrollo de Haití (PARDH), que determinó las principales tareas económicas, sociales y institucionales de la reconstrucción y sus necesidades financieras (Gouvernement de la République d'Haïti 2010b). Además, se acordó la creación de principales mecanismos de coordinación: la Comisión Interina de Reconstrucción de Haití (CIRH) y el Fondo de Reconstrucción de Haití (FRH).[18]

El PARDH, basado en el Programa de Evaluación de Necesidades Inmediatas (PDNA), distinguió necesidades financieras en cuatro áreas principales de reconstrucción (Gouvernement de la République d'Haïti 2010b: 10):

[17] ONU. *Conferencia internacional de donantes para el nuevo futuro de Haití*. 2010. Disponible en línea en la dirección: http://www.haiticonference.org/spanish/index.shtmlConferencia internacional de donantes para el nuevo futuro de Haití. http://www.haiticonference.org/spanish/ (acceso 2 de mayo 2012.).
[18] Ibidem.

1. La refundación territorial: la reconstrucción de las áreas afectadas, la planificación urbana, el desarrollo regional y la prevención frente de los efectos de desastres naturales.
2. La refundación económica: reactivación de las principales actividades económicas, como la agricultura, el turismo y la industria.
3. La refundación social: poner en funcionamiento los servicios públicos en las ares de la salud, la educación, agua y sanidad.
4. La refundación institucional: fortalecer la capacidad de instituciones haitianas en las áreas de buena gobernanza, el estado del derecho y seguridad pública.

En segundo lugar, el plan estableció también el marco temporal para la reconstrucción. El primer periodo de la reconstrucción – los 18 meses – tenía como objetivos principales poner en marcha los proyectos claves de reconstrucción en las áreas de vivienda, infraestructura, salud y educación, y reforzar las actividades económicas de Haití. Las necesidades financieras de este periodo de 18 meses fueron US$ 3,8 mil millones (de esta cantidad US$ 350 millones para ayuda presupuestaria) (Gouvernement de la République d'Haïti 2010b: 9). La segunda fase de reconstrucción, que se propone llevar a cabo durante los años 2012-2020, tiene como objetivo poner el país en camino hacia el desarrollo sostenible a largo plazo (ibídem). Quedó claro que la meta principal de la conferencia de Nueva York fue el establecimiento de compromisos financieros para la recuperación y el desarrollo a largo plazo de Haití. Los donantes bilaterales y multilaterales se comprometieron a aportar US$ 9,35 mil millones para la reconstrucción de Haití entre los años 2010 y 2020. De estos fondos, US$ 5,5 mil millones fueron prometidos para el periodo de 2010-2011, así superando el importe de US$ 3,8 mil millones que el gobierno había pedido en el PARDH. Esta cifra consistió la ayuda destinada a los programas US$ 4,5 mil millones y cancelación de la deuda US$ 995 millones.[19]

[19] United Nations Office of the Special Envoy for Haiti. *Tracking International Assistance.* Disponible en: http://www.haitispecialenvoy.org/ (acceso 12 de mayo 2012)

Los compromisos asumidos en la Conferencia de Nueva York se refieren a los donantes públicos, como los países y organismos multilaterales. Al mismo tiempo, una gran cantidad de los recursos fue prometida por las ONG internacionales, cuyos compromisos no formaron parte de los de la Conferencia de Nueva York. Se estima que su contribución para el periodo 2010-2011 alcanzó hasta US$ 3,06 mil millones.[20] En este sentido, es evidente que la cantidad de fondos prometidos para la reconstrucción de Haití es comparable con la financiación de reconstrucción de Aceh y Nías después el Tsunami de Pacifico (Grafico IV). Sin embargo, en el periodo de 2010-2011, la reconstrucción en Haití fue financiada totalmente por la ayuda externa, al mismo tiempo que el gobierno de Indonesia proporcionó más de un cuarto de los fondos de reconstrucción de sus propios recursos (BRR 2006: 68).

GRÁFICO IV: LOS FONDOS DE RECONSTRUCCIÓN COMPROMETIDOS POR LOS DONANTES INTERNACIONALES EN ACEH Y NÍAS (INDONESIA) Y HAITÍ

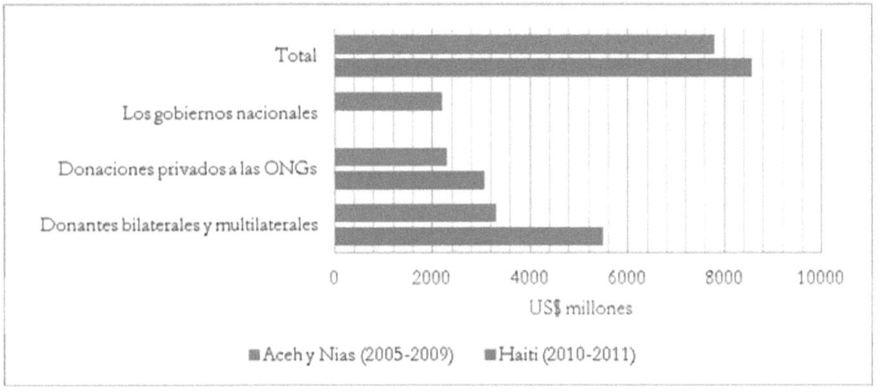

Fuente: Elaboración propia a partir de los datos de OSE. *Tracking International Assistance* y BRR (2006)

4.2. Los acercamientos de los donantes ante a la reconstrucción de Haití: una nueva agenda para la ayuda al desarrollo

El propósito de "reconstruir mejor" (*build back better*) de Haití era claramente reflejado en los compromisos de financieros generosos de la conferencia de Nueva

[20] Ibidem.

York.[21] Al mismo tiempo, la entrada masiva de recursos internacionales proponía un desafío mayúsculo para la coordinación entre los donantes implicados y la canalización de estos recursos. Era evidente que una gran cantidad de los fondos privados seria canalizada directamente a través de las ONG, que no son supervisadas por las instituciones públicas de Haití (de Silva 2010). Ha quedado claro que en el contexto de la debilidad del estado central, el número excesivo de organismos internacionales públicos y privados actuando en el proceso de reconstrucción puede perjudicar seriamente la eficacia de la ayuda (CERFAS 2011:1).

En primer lugar, fue ampliamente manifestada la necesidad de creación un mecanismo de la gobernanza común, que permite unir a los miembros del gobierno de Haití y los donantes públicos y privados para hacer decisiones más importantes a lo largo del proceso de la reconstrucción.[22] Asimismo, se necesitaba crear un espacio común para un diálogo abierto sobre las necesidades y problemas de reconstrucción donde participaran todos los implicados en el proceso: el gobierno nacional, las agencias multilaterales, los países donantes y las organizaciones privadas, como las ONG. Estos objetivos constituyeron la principal motivación para el establecimiento de la CIRH (Crane *et al.* 2010: 144).

En segundo lugar, la nueva agenda puso un especial énfasis en el establecimiento del liderazgo nacional haitiano sobre el proceso de reconstrucción. Los donantes manifestaron ampliamente la idea de que las prioridades de ayuda internacional tienen que ser establecidas por el Gobierno de Haití, mediante su estrategia nacional presentada en el PARDH.[23] Al mismo tiempo, los donantes se comprometieron a dar soporte a las instituciones haitianas, fortaleciendo la administración pública, el sistema de justicia, y promover los derechos humanos (OSE 2011: 22).

---

[21] Entrevista personal con el Ministro Consejero de la Embajada de Haití en República Dominicana (31 de enero 2012, Santo Domingo).

[22] Entrevista personal con el representante de Republica Dominicana en la CIRH (Ministerio de Economía, Planificación y Desarrollo de Republica Dominicana) (8 de febrero de 2012, Santo Domingo).

[23] ONU. *Conferencia internacional de donantes para el nuevo futuro de Haití*. 2010. Disponible en línea: http://www.haiticonference.org/spanish/index.shtmlConferencia internacional de donantes para el nuevo futuro de Haití. http://www.haiticonference.org/spanish/. (acceso 2 de mayo 2012)

En tercer lugar, los donantes mostraron buena intención de cambiar sus acercamientos previos a la canalización de la ayuda. Estaba claro que los donantes reconocieron la importancia de las modalidades y las vías de canalización de la ayuda, y resaltaron que las intervenciones tenían que ser basadas en los principios de las Declaración de Paris (2005), tomando en cuenta el objetivo del fortalecimiento de las instituciones del estado (Gouvernement de la République d'Haïti 2010b: 3). La importancia del apoyo presupuestario fue especialmente enfatizada por el gobierno, porque permitió proporcionar los recursos directamente al gobierno (Gouvernement de la République d'Haïti 2010b: 51).

En cuarto lugar, el PARDH ha puesto un énfasis especial en la importancia de previsibilidad de la ayuda y prescribe que los donantes tendrían que cumplir con sus compromisos en el periodo del tiempo establecido. Siguiendo la idea de la previsibilidad expuesto en el PARDH, los donantes establecieron un marco temporal de cuándo los fondos tenían que ser desembolsados. Al mismo tiempo, ambos, los donantes y el gobierno de Haití manifestaron deseos de garantizar la transparencia y rendición de cuentas en el proceso de reconstrucción (IHRC 2011: 18).

Se puede afirmar que los acercamientos de los donantes en la planificación de la financiación y la coordinación reflejaron la necesidad de fortalecimiento de las instituciones del estado (*state building*) que enfrenta Haití.[24] Es evidente que los principios de la Declaración de París, como la importancia del liderazgo nacional, la alineación de la ayuda con las prioridades nacionales, el cumplimiento de compromisos y la transparencia fueron percibidos como objetivos principales de la CIRH y el FRH.

4.3. Diseño de las instituciones de reconstrucción: La Comisión Interina de Reconstrucción de Haití y el Fondo de Reconstrucción de Haití

En este párrafo se presenta el diseño institucional de la CIRH y el FRH. La CIRH, la principal organización coordinadora entre el gobierno y los donantes – había sido

[24] Ibidem.

diseñada con la intención de ayudar al gobierno a ejercer un liderazgo efectivo en el proceso de reconstrucción y asegurar a los donantes que el dinero sería usado de una manera eficaz y transparente. CIRH tenía como inspiración la Comisión de Reconstrucción de Aceh y Nías (BRR) en Indonesia, que había ejercido un liderazgo efectivo en la reconstrucción del país Asiático (Masyrafah y McKeon 2008).[25] La CIRH fue fundada por el decreto presidencial de Rene Preval en 21 de abril de 2010 y su mandato tenía una duración de 18 meses. En noviembre 2011, su posición tenía que ser ocupada por la Autoridad del Desarrollo de Haití, pero en el momento de escribir de estas líneas, el gobierno no ha sido todavía capaz de poner en marcha esta institución.

Según el PARDH (Gouvernement de la République d'Haïti 2010b: 52), todos los proyectos de reconstrucción ejecutados por los donantes o las ONG tenían que estar presentados frente al Consejo Administrativo de la CIRH. La Comisión tenía que determinar su viabilidad, asegurar su alineación con las prioridades nacionales del desarrollo (presentados en PARDH) y medir los posibles efectos sociales y económicos sobre las poblaciones afectadas. Al mismo tiempo, la Comisión tenía que trabajar continuamente con el gobierno haitiano, sus ministerios y funcionarios de alto nivel para mejorar la sostenibilidad de los proyectos ejecutados (IHRC 2011: 9).

Sin embargo, la CIRH no fue en ninguna medida un organismo operativo – no estaba destinado directamente para ejecutar los proyectos – sino más bien promover una planificación e implementación coordinada y eficaz de los programas de reconstrucción (CERFAS 2011: 2). En este sentido era evidente que su impacto real para el proceso de reconstrucción dependía de la financiación proporcionada por los donantes, las capacidades de los organismos de ejecución (las agencias multilaterales, las ONG, las empresas privadas) y las capacidades del gobierno de Haití para facilitar el proceso (IHFC 2011: 12).

[25] Le Nouvelliste, 23 julio de 2010. *Ni tutelle ni centre de commandement selon Bellerive*. Por Franz Duval.

TABLA II: LAS PRINCIPALES METAS DE LA CIRH:

Principio	Principales metas
1. Asegurar que la recuperación económica y social beneficia a los intereses del pueblo haitiano	- asegurar que las intervenciones siguen las prioridades establecidas por el gobierno - asegurar el desembolso de los fondos comprometidos -llevar a cabo la planificación, el diseño y el monitoreo de los proyectos de reconstrucción mediante la cooperación con las instituciones públicas haitianas - evitar la duplicación de los esfuerzos
2. Asegurar la transparencia y la rendición de cuentas	- llevar a cabo un continuo seguimiento y monitoreo de los proyectos ejecutados por los donantes - evaluar los efectos sociales de los proyectos, (el impacto ambiental, el uso del mano de obra local, la igualdad de género etc.) - proporcionar información sobre el proceso de reconstrucción
3. Presentar un nuevo modelo de cooperación al desarrollo en los países frágiles	- constituir un foro común entre de donantes y los representantes de Haití para colaborar en una manera efectiva y coordinada

Fuente: Elaboración propia a partir de IHRC (2011: 9)

Los dos principales órganos de la CIRH eran el Consejo de Administración y la Secretaría Ejecutiva. El Consejo de Administración era el mecanismo para hacer las decisiones relacionadas con la reconstrucción y se reunía cada dos meses. El Consejo era copresidido por el primer ministro de Haití Jean Max Bellerieve y el Enviado Especial de las Naciones Unidas en Haití, el ex presidente estadounidense Bill Clinton, y fue compuesto por los 27 miembros con derecho de voto (14 haitianos y 13 representantes de los donantes). Los miembros haitianos representaron a las siguientes instituciones y grupos de presión: el Poder Ejecutivo (5), la Cámara de Diputados (1), el Senado (1), el poder judicial (2), los gobiernos locales (2), los sindicatos (1) y el sector privado (1) (CERFAS 2011: 2).

Los representantes de los donantes, que habían comprometido más de US$ 100 millones, tenían derecho al voto en el Consejo: los donantes bilaterales – Brasil, Canadá, Francia, España, los EE.UU., Japón, Noruega y Venezuela; y los donantes multilaterales – la Unión Europea, el Banco Mundial, el BID, la ONU y la Federación Internacional de Cruz Roja y Media Luna (ibídem).[26] La Comisión incluyó también los miembros sin derecho voto: el representante de la Organización de Estados Americanos (OEA), las ONG nacionales, las ONG internacionales, diáspora haitiana y la Republica Dominicana (ibídem).

La Secretaría Ejecutiva de la CIRH tenía que ocuparse de todos los aspectos técnicos de la reconstrucción: trabajar conjuntamente con los donantes y los ministerios del gobierno, ofrecer un apoyo técnico a las agencias de implementación y a las agencias del gobierno de Haití, y al mismo tiempo proporcionar información a los miembros del Consejo Administrativo (IRHC 2011: 19). En Haití – donde la mayoría de los proyectos son ejecutados por los donantes internacionales, principalmente por las agencias de la ONU y las ONG – la cooperación técnica y administrativa entre los socios implicados en la reconstrucción tiene una importancia enorme. Estaba claro que la aprobación de los proyectos en el Consejo de Administración dependía en gran medida del trabajo técnico y administrativo de la Secretaría Ejecutiva.

Estaba previsto que la Secretaría fuera compuesta por aproximadamente 100 funcionarios – expertos técnicos, personal administrativo, consultores – formado conjuntamente por el gobierno de Haití, la diáspora haitiana y las principales agencias multilaterales (USGAO 2011: 34). En realidad, la estructura administrativa de la CIRH fue establecida en la cooperación de diferentes donantes internaciones y la gran mayoría del personal ejecutivo tenía provino del Banco Mundial, el BID, la ONU, Canadá y los EE.UU o diáspora haitiana (IHRC 2011: 20). Debido a la poca disponibilidad de personal capacitada, la representación real del gobierno de Haití en la Secretaria fue muy limitado (USGAO 2011: 34).

En junio 2010, fue formado el Consejo de Administración (*Board of Directors*) y fue celebrada la primera reunión. Al mismo tiempo, la creación de la Secretaría Ejecutiva

[26] En la mayoria de los casos, los donantes estaban representados por los diplomaticos o funcionarios públicos de alto rango (Fuente: Entrevista personal con la Directora de Proyectos de Reconstrucción de la AECID en Haití, 15 de marzo 2012, entrevista con Skype).

de CIRH fue dificultada por la baja capacidad de la administración haitiana.[27] El informe de USGAO (2011: 31) señala que la Secretaría Ejecutiva no estaba todavía en pleno funcionamiento en mayo de 2011, después de 11 meses desde su creación, que era una causa de demoras serias en la planificación de las activadas de reconstrucción. Al mismo tiempo, el diseño, las funciones y el rendimiento de la Comisión fueron criticados desde el inicio de su trabajo en junio de 2011 (véase párrafo 5.2). La CIRH tuvo 8 reuniones entre junio de 2010 y julio de 2011. Durante su existencia, fueron aprobados 87 proyectos por valor de US$ 3,2 mil millones.[28] Su mandato expiró en octubre 2011 y no fue prolongado por el Parlamento haitiano.

El principal objetivo del Fondo de Reconstrucción de Haití (FRH) es directamente financiar a los proyectos de reconstrucción y proporcionar la ayuda presupuestaria al gobierno de Haití. La creación del Fondo fue acordado en la Conferencia de Nueva York en marzo de 2010, y fue puesto en marcha en abril del mismo año, conjuntamente por el gobierno de Haití, la ONU, la BID y el Banco Mundial. Está previsto que su mandato termine en 2017. El plan nacional de reconstrucción (PARDH) refleja la idea de que la mayor parte de los fondos tendría que ser dirigida a través del FRH, lo que permitiría una canalización directa de la ayuda a los proyectos prioritarios del gobierno de Haití, al mismo tiempo evitando los efectos negativos causados por la imprevisibilidad de la ayuda (HRF 2011: iii).

El FRH funciona de manera similar a la de otros fondos multidonantes de reconstrucción – los donantes bilaterales desembolsan recursos al fondo común, y desde el FRH, los fondos están canalizados directamente a los diferentes proyectos prioritarios para el gobierno (HRF 2011: 8). La ejecución de los proyectos en el terreno es en cargo de entidades asociadas (*partner entities*) – el Banco Mundial, el BID y el PNUD – pero ellos tienen que asegurar que los ministerios, los gobiernos locales y otras instituciones públicas haitianas están implicados en el diseño y ejecución de los proyectos. Por otro lado, el Fondo también tiene como uno de sus

[27] Entrevista personal con el representante de la Republica Dominicana en la CIRH (Ministerio de Economía, Planificación y Desarrollo de Republica Dominicana) (8 de febrero de 2012, Santo Domingo)

[28] Commission Intérimaire pour la Reconstruction d'Haïti. Disponible en linea: www.cirh.ht. (acceso 19 de abril 2012)

objetivos proporcionar la ayuda presupuestaria directamente al gobierno. Los proyectos del FRH tenían que ser aprobados por la CIRH, lo que implica que tienen que estar de acuerdo con las prioridades nacionales del gobierno de Haití (HRF 2011: 8).

El FRH tiene una estructura de gobernanza similar al de la CIRH. El organismo es gobernado por el Comité Directivo (*Steering Committee*), liderado por el Ministro de Hacienda de Haití y compuesto por los países donantes, que han contribuido por al menos US$ 30 millones al Fondo (en mayo 2012, Brasil, Canadá, España, Francia, los EE.UU. y Noruega). A diferencia de la CIRH, los miembros votantes provienen únicamente desde los países donantes. Los miembros no votantes representan las organizaciones de sociedad civil haitiana, la diáspora haitiana, los gobiernos locales y las ONG internacionales.

4.4. Haití en 2010-2011: una emergencia humanitaria prolongada

En Haití, los primeros pasos de la recuperación económica y social han sido extremadamente difíciles. Estaba claro desde el principio, que las actividades humanitarias y los programas de reconstrucción tenían que ser ejecutadas de una manera paralela y complementaria durante mucho tiempo. El principal desafío para todos los donantes involucrados en la reconstrucción de Haití ha sido la creación de un enfoque a largo plazo para sus programas, que permitiera facilitar la transición desde la ayuda humanitaria al proceso del desarrollo sostenible (UNDP 2012: 2). Como resalta el informe de asistencia humanitaria de *Oxfam International* (2012: 4), "la asistencia humanitaria es por definición a corto plazo y no se puede esperar que supere los problemas estructurales de la pobreza y la injusticia."

La comparación entre los flujos de la ayuda humanitaria y reconstrucción en 2010 y 2011 demuestra una predominancia de las intervenciones humanitarias, como la asistencia destinada a las poblaciones de los campos de refugio, la distribución de la comida, el agua y los medicamentos y la construcción de los refugios temporales (Oxfam 2012: 4). Haití fue afectada en octubre de 2010 por un segundo desastre – la epidemia del cólera – que ha causado la muerte de más de 7000 personas, afectando en total a más de 534 000 personas.[29] Al mismo tiempo, sólo US$ 706,9 millones se han destinado a las tareas reconstrucción en 2011, que es menos de la mitad que en 2010. Estos datos demuestran claramente que las intervenciones humanitarias y actividades de reconstrucción están profundamente interrelacionadas.

GRÁFICO V: LA AYUDA HUMANITARIA Y LA AYUDA DE RECONSTRUCCIÓN A HAITÍ EN 2010-2011

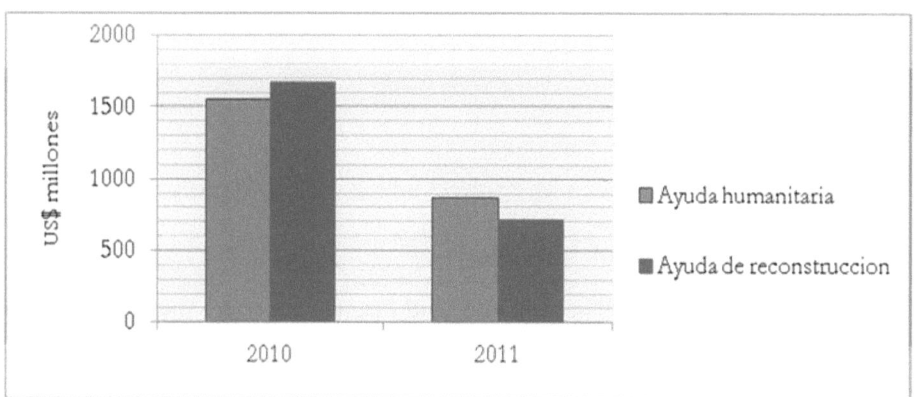

Fuente: Elaboración propia a partir de los datos de OSE. *Tracking International Assistance.*

Por otro lado, hay que reconocer también la extrema dependencia de la economía de Haití de la ayuda internacional. La ayuda al desarrollo superó las fuentes de ingresos internas del gobierno de Haití ya antes del terremoto (OSE 2011: 12). En 2010, los donantes bilaterales y multilaterales desembolsaron US$ 3,28 mil millones de ayuda humanitaria y recuperación en Haití, que superó más del triple de la cantidad de la ayuda al desarrollo recibida en 2009. En el mismo año, la ayuda humanitaria y recuperación superaron más de cinco veces los ingresos internos del gobierno de Haití (Grafico VI).[30] Esta dependencia pone un énfasis enorme a la aplicación de los principios de la eficacia de la ayuda por parte de los donantes.

---

[29] Según los estudios científicos, los soldados de la MINUSTAH procedentes de Nepal introdujeron la enfermedad a la nación caribeña en octubre 2010 (Fuente: Sun Sentinel, 3 de mayo 2012. *CDC study shows Haiti cholera has changed, experts say it suggests disease becoming endemic.* Por Daniel Trenton.

[30] United Nations Office of the Special Envoy for Haiti. *Tracking International Assistance.* Disponible en: http://www.haitispecialenvoy.org/ (acceso 12 de mayo 2012).

GRÁFICO VI: LOS INGRESOS INTERNOS DEL GOBIERNO DE HAITÍ Y LA AYUDA HUMANITARIA Y RECONSTRUCCIÓN DESEMBOLSADO EN 2010

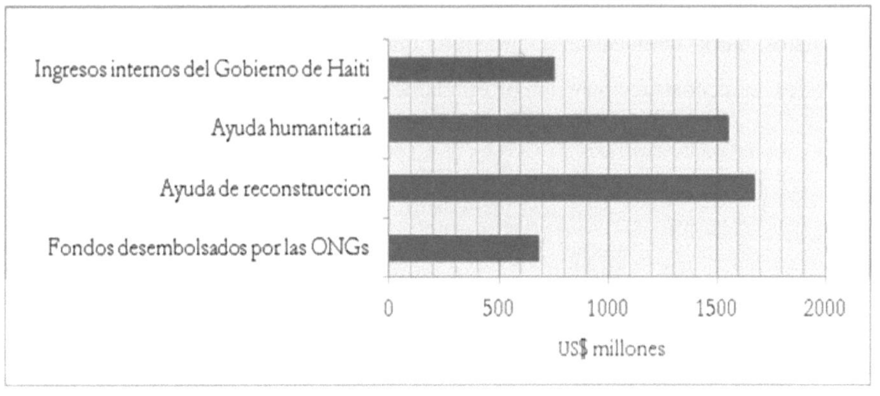

Fuente: Elaboración propia a partir de los datos de OSE (2011)

Las funciones esenciales del gobierno de Haití fueron recuperadas mediante la ayuda internacional durante los meses posteriores del terremoto. Sin embargo, los primeros pasos del gobiernode Rene Preval en el comienzo de reconstrucción fueron extremadamente lentos y el gobierno no era capaz abordar los asuntos vitales relacionados con el proceso (Fatton 2011: 166). Las únicas medidas concretas aplicadas durante los primeros meses después del terremoto fueron la preparación la evaluación de las pérdidas (PDNA) y la producción del plan nacional de reconstrucción (PARDH) (ibídem).

El principal desafío humanitario – que influye a Haití hoy día – es la situación crítica de las poblaciones desplazadas. El número de personas desplazadas alcanzó su punto más alto en julio 2010, cuando más de 1,5 millones de personas estaban viviendo en los campos de refugiados (IFRC 2011: 6). Aunque el número de habitantes de campos de refugiados ha descendido desde el julio 2010 de una manera notable, en mayo 2012 421 000 personas viven todavía en los campos del área metropolitana de Puerto Príncipe.[31]

31 Ibidem.

Desde el principio ha estado claro que la reconstrucción de las viviendas y la infraestructura, y la recuperación de los servicios sociales dependen de dos asuntos cruciales – la retirada de los escombros y la disponibilidad de las tierras (ibídem). Los donantes, principalmente la USAID, el FRH y las diferentes ONG pusieron en marcha varios proyectos de retirada de los escombros. Sin embargo, el proceso ha sido extremadamente lento y esto ha sido uno de los principales obstáculos para el levantamiento de los refugios temporales y el progreso de los proyectos de reconstrucción (PAO 2011). El terremoto había creado más 10 millones metros cúbicos de escombros y solo el 50 % de ellos ha sido retirado en la primavera de 2012 (USAID 2012: 1).

La disponibilidad de la tierra es un asunto extremadamente complejo, que sigue impactando a todos los proyectos de reconstrucción ejecutados en el terreno (PAO 2011). Las áreas afectadas por el terremoto están densamente pobladas y debido al crecimiento incontrolable de Puerto Príncipe antes del terremoto, la ciudad carece de planificación urbana alguna. Debido a la inexistencia de los registros y la falta de documentación legal en las regiones afectadas, ha sido imposible determinar los derechos de propiedad de las tierras (IFRC 2011: 14). Estos problemas han causado retrasos para la asignación de la tierra para los principales proyectos de la reconstrucción de la vivienda (PAO 2011). Al mismo tiempo, el gobierno de Haití no ha logrado crear ningún tipo de registro de la tierra en las áreas afectadas por el terremoto, que podría proporcionar soluciones a este problema (Oxfam 2012).

En las primeras reuniones de la CIRH en 2010 se aprobaron varios proyectos de la reconstrucción de vivienda, que ha sido la necesidad social más esencial en el proceso. Sin embargo, en el inicio de 2012 se habían completado solo 4747 nuevas viviendas y reparadas otras 5315 (Haiti Shelter Cluster 2012: 17). Cabe señalar que la reducción de las poblaciones de los campos es debido principalmente al levantamiento de refugios temporales por los organismos multilaterales y las ONG – y no a la construcción de la vivienda permanente (IFRC 2011: 6). El informe de PAO (2011), publicado en mayo 2011, muestra que la mayoría de los proyectos en el sector de vivienda están en retraso (Tabla III). Los principales obstáculos relacionados con la implementación de estos proyectos son la falta de tierra disponible, problemas del transporte y la ausencia de la cooperación entre los donantes y los ministerios haitianos (ibídem).

Durante su funcionamiento, la CIRH aprobó una amplia gama de otros proyectos en las áreas de salud, educación e infraestructura. Muchos de ellos, como la reformación de sectores de la educación, el transporte y la energía y el establecimiento de los parques industriales proporcionan grandes inversiones para Haití durante los próximos años (PAO 2011). La mayoría de estos proyectos están destinados a la recuperación económica y social a largo plazo, teniendo una duración de más de 5 años. En el momento actual, es todavía temprano para la evaluación de los resultados de estas intervenciones. Sin embargo, como señalaremos el próximo capítulo, la participación haitiana en el diseño e implementación de estos proyectos ha estado limitada, y esto puede tener varios desafíos para la sostenibilidad de estos proyectos en el futuro.

Las intervenciones humanitarias y proyectos de reconstrucción han logrado crear empleo temporal y aumentar la provisión de los servicios sociales – como la educación y la salud –, pero la participación del estado haitiano en estas áreas es todavía muy reducida (Oxfam 2012: 4). La evaluación de los logros económicos y sociales de reconstrucción en estas áreas, como la salud y la educación es difícil, debido a la enorme complejidad de los sectores y la falta de estadísticas fiables. Los organismos internacionales no han conducido estudios sobre el impacto de la ayuda en el terreno.

TABLA III: LOS PROYECTOS APROBADOS POR LA CIRH EN 2010-2011 EN LA ÁREA DE VIVIENDA Y SU SITUACIÓN DE IMPLEMENTACIÓN EN EL MAYO 2011

Proyecto	Agencia de Financiación	Presupuesto (US$ millones)	Aprobación por la CIRH	Retraso del proyecto en mayo 2011 (meses)[32]
Emergency Community	USAID	3	17 de agosto	Completado

[32] „El retraso del proyecto" se refiere a su retraso desde al cronograma de la implementación inicial.

Assistance and Planning			2010	
Highlight Best Practices for Housing	Clinton Foundation, BID, Digicel	2,4	17 de agosto 2010	No se ha iniciado
Develop Informal Settlements in Port-au-Prince	Agence Française de Développement	26	17 de agosto 2010	8
Earthquake Relief Village Housing Project	Mission of Hope Haiti	3,7	6 de octubre 2010	2
New Settlements Projects	USAID	53	14 de diciembre 2010	No se ha iniciado
National Program for Risk and Disaster Management	FRH (Banco Mundial)	2	14 de diciembre 2010	2
Housing and Community Infrastructure Reconstruction	Banco Mundial	30	14 de diciembre 2010	No se ha iniciado
Port-au-Prince Neighborhood Upgrading	FRH (Banco Mundial)	65	14 de diciembre 2010	1
Housing Finance Facility	Clinton-Bush Haiti Fund	47	28 de febrero 2011	No se ha iniciado
Earthquake Prevention Plan for Northern Haïti	FRH (Banco Mundial)	10	28 de febrero 2011	6
Housing and Neighborhoods Reconstruction Support	FRH, PNUD, Ministerio de Planficacion de Haiti	30	28 de febrero 2011	5
Proyect 6/ 16	FRH, Union Europea, PNUD, Gobierno de Haiti	78	16 de agosto 2011	Informacion no disponible

Fuente: Elaboración propia a partir de los datos de PAO (2011) y *Commission Intérimaire pour la Reconstruction d'Haïti.*

Al mismo tiempo, la economía de Haití ha recuperado desde el 2010 y las actividades económicas han aumentado de una manera considerable. Después de haber registrado una caída de 5,4 % en 2010, la economía creció 5,6 % en 2011 y está proyectado a crecer 7,8 % en 2012 (IMF 2012: 7). Asimismo, el gobierno ha logrado a cumplir las metas macroeconómicas prescritas por el FMI (ibidem). El nuevo presidente Michel Martelly ha resaltado constantemente, que el desarrollo económico debe ser basado en la inversión extranjera directa, mostrando la voluntad de reducir la dependencia del país de la ayuda al desarrollo en el futuro.

4.5. La transición política de Haití en 2010-2011

Las elecciones generales de 2010 proporcionaron un desafío enorme para el proceso de reconstrucción en Haití. El presidente Michel Martelly, electo en el marzo 2011, carece una mayoría en las Cámaras Legislativas de Haití, que ha dificultado la toma de decisiones sobre la reconstrucción. Aunque este trabajo no pretende analizar la transición política de Haití en profundidad, es evidente que las dificultades e incertidumbres, sobre todo las elecciones problemáticas de 2010 y la debacle institucional entre el Presidente y Parlamento han tenido un efecto directo al proceso de reconstrucción y estos problemas fueron reflejados también en el trabajo de la CIRH y el FRH.

Las elecciones, inicialmente previstas el 28 de febrero de 2010, fueron pospuestas al día de 28 de noviembre. El gobierno de Haití y la comunidad internacional reconocieron que el proceso electoral será extremadamente difícil, debido al bajo funcionamiento del sistema electoral (Progressio 2011:14). Los procesos electorales en Haití han sido siempre “momentos de gran incertidumbre” (Fatton 2011: 166). Estaba claro que las elecciones fraudulentas o mal organizadas pueden desencadenar un conflicto político serio (ibídem). Al mismo tiempo, la administración de Preval y los donantes comprendieron que el retraso de las elecciones puede causar un problema de legitimidad democrática y de esta manera se pone en peligro el desembolso de los fondos de la reconstrucción (Progressio 2011: 14).

Los donantes proporcionaron un amplio soporte para el proceso electoral y la misión de la Organización de los Estados Americanos (OEA) condujo la supervisión de las elecciones. Sin embargo, la legitimidad de las elecciones fue puesta en duda por la exclusión del partido político más popular de Haití, Fanmi Lavalas, liderado por el ex presidente Jean-Bertrand Aristide (Johnston y Weisbrot 2011: 2). La primera ronda de las elecciones de noviembre de 2011 fue caracterizada por la desorganización y el bajo porcentaje de participación electoral (menos del 30 % de los votantes registrados votaron), al mismo tiempo surgieron las acusaciones del fraude electoral (ibídem).

Según los resultados iniciales, Mirlande Manigat y Jude Celestin, el candidato oficial del partido Inité del presidente Rene Preval, pasaron a la segunda ronda (ibídem). Sin embargo, la misión de observación de la OEA y la CARICOM cuestionó estos resultados, destacando que Michel Martelly había obtenido más votos que el candidato del partido del gobierno.[33] Bajo una enorme presión internacional, el Consejo Electoral Provisional de Haití decidió a cambiar los resultados según la proposición de la OEA en enero 2011 y Martelly obtuvo la posibilidad de participar en la segunda vuelta en el marzo 2011.[34] La segunda vuelta de las elecciones presidenciales fue ganada por Martelly con más de 67 % de los votos.

La transición política ha sido difícil y ha estado acompañada por muchas incertidumbres. Según los resultados de las elecciones legislativas de noviembre de 2010, las dos Cámaras del Parlamento están controladas por los partidos de oposición. Debido a ello, la asignación del primer ministro fue extremadamente difícil y dos primeros candidatos propuestos por Martelly fueron rechazados por las cámaras legislativas en 2011. Gary Conille fue finalmente designado como el primer ministro en octubre 2011, pero renunció a su puesto en el febrero 2012 debido a varios desacuerdos con los miembros de su gabinete.

En condiciones de la inestabilidad política de Haití, el presidente Martelly ha resaltado la importancia de la CIRH, señalando su relevancia en la creación de una la estabilidad institucional necesaria para la reconstrucción.[35] El mandato de la CIRH expiró el 21 de octubre. Aunque la extensión del mandato de la CIRH fue propuesto

---

[33] The New York Times. 9 de deciembre de 2010. *Haitian Vote Results to Be Reviewed*. Por Deborah Sontag.
[34] The Fox News. 3 de febrero de 2011. *Government-Backed Candidate Out of Haiti's Election*. Associated Press.
[35] Le Nouvelliste. 28 de noviembre 2011. *Le renouvellement du mandat de la CIRH et les promesses électorales du président Martelly*. Por Maître Gédéon Jean.

por el presidente Martelly en la séptima reunión de Consejo de Administración de la CIRH el 22 de julio 2011, el parlamento, controlado por la oposición, no estaba dispuesto a discutir la opción de prolongar el mandato.[36] [37]

Es evidente, que existe un fuerte sentimiento en el parlamento y la opinión publica de Haití, que los haitianos no ejercen el control suficiente sobre la refundación de su país. Al mismo tiempo, el presidente Martelly no ha cumplido hasta ahora con una de las metas más importantes de su presidencia – poner en la marcha la Autoridad del Desarrollo de Haití – el sucesor de la CIRH, que a diferencia de esta, se basaría en las instituciones del gobierno de Haití.

[36] Commission Intérimaire pour la Reconstruction d'Haïti.Disponible en: www.cirh.ht. (acceso 19 de abril 2012).

[37] Le Nouvelliste, 25 noviembre 2011. *La reconstruction d'Haïti menacée de paralysie.* Por Daniel Trenton.

V: LA EFICACIA DE LA AYUDA EN LA RECONSTRUCCIÓN DE HAITÍ Y LA VALORACIÓN DE LAS INSTITUCIONES DE RECONSTRUCCIÓN

5.1. Los indicadores para la medición de la eficacia de la ayuda

Después de un examen del progreso de reconstrucción durante los años 2010-2011 y descripción de la situación política compleja de Haití, tornamos a la evaluación de la eficacia de la ayuda de reconstrucción y el análisis del papel desempeñado por la CIRH y el FRH en este proceso, valorando hasta qué punto estas instituciones han cumplido con su papel en la reconstrucción, que les fue otorgado en la Conferencia de los donantes de Nueva York. La evaluación de estas dos instituciones en una manera conjunta es justificada por el hecho que las actividades de estas dos entidades están profundamente interrelacionados. La CIRH era un mecanismo general de coordinación de los programas de reconstrucción, al mismo tiempo cuando el FRH se concentra en la financiación de los proyectos aprobados por la CIRH.

En primer lugar, intentamos a describir – desde la perspectiva teórica de la eficacia de la ayuda – las políticas de reconstrucción aplicadas por los donantes y el gobierno de Haití en 2010-2011, centrando en seis dimensiones: la promoción del liderazgo nacional del gobierno, el cumplimiento de los compromisos de financiación por parte de los donantes, la canalización de la ayuda a través instituciones locales, la alineación de la ayuda con las prioridades nacionales de Haití, la coordinación entre los donantes y la transparencia y rendición de cuentas dentro del proceso de reconstrucción. En segundo lugar, se trata de evaluar del impacto de las actividades de la CIRH y el FRH sobre estas dimensiones de eficacia de la reconstrucción (Tabla IV).

Cabe indicar que esta investigación no pretende a examinar la aplicación de los principios de Declaración de Paris en una manera conjunta, sino utilizar solo algunos de estos principios para obtener unas indicaciones generales sobre el grado de la eficacia de la ayuda en reconstrucción de Haití. Los indicadores utilizados en este trabajo no tienen relación alguna con la medición técnica de aplicación de estos principios realizada por la OCDE (OECD 2011b). En este trabajo se centra principalmente en los principios la apropiación, alineación y armonización. Como se ha señalado en el Capítulo II, estas dimensiones han sido estudiadas en el caso de Aceh y Nias y otros casos de desastres naturales, y ofrecen varios puntos de comparación con el caso de Haití. La Tabla V presenta los indicadores concretos para la valoración de estas dimensiones de la eficacia de la ayuda, fuentes de información y los objetivos principales de la CIRH y FRH en estas áreas.

TABLA IV: LAS DIMENSIONES DE LA EFICACIA DE LA RECONSTRUCCIÓN, LA MEDICIÓN, LOS DATOS DESCRIPTIVOS LOS OBJETIVOS DE LA CIRH Y FRH

Dimensión	Medición (Indicador)	Fuentes de información	Objetivos principales de la CIRH y el FRH
Promoción del liderazgo nacional (*apropiación*)	Liderazgo del gobierno en la planificación e implementación de los proyectos de reconstrucción	Entrevistas, periódicos, informes	Garantizar el liderazgo efectivo del gobierno de Haití
Previsibilidad de la ayuda (*alineación*)	Cumplimiento de los compromisos de financiación de la conferencia de Nueva York durante el periodo de 2010-2011	La base de datos de OSE, entrevistas, periódicos	Crear garantías y transparencia necesaria para para el desembolso de los fondos
Canalización de la ayuda mediante las instituciones nacionales (*alineación)*	Porcentaje de la ayuda canalizada a través del presupuesto, subvenciones directos al gobierno	La base de datos de OSE	Crear garantías y transparencia necesaria para la canalización de la ayuda a través de las instituciones nacionales
Alineación con las prioridades nacionales (*alienación*)	La alineación de los fondos desembolsados con las prioridades del plan nacional de la reconstrucción (PARDH)	La base de datos de OSE	Garantizar que la financiación de los proyectos de reconstrucción alinee con prioridades del PARDH
Coordinación entre los donantes (*armonización*)	Evaluación de la coordinación entre los donantes implicados	Entrevistas, periódicos, informes	Crear un espacio efectivo para la cooperación entre los donantes
Transparencia y rendición de cuentas	Evaluación de transparencia y rendición de cuentas	Entrevistas, periódicos,	Garantizar la transparencia y rendición

(mutua responsabilidad)		informes	de cuentas

Fuente: Elaboración propia a partir de los datos de IHRC (2011) y HRF (2011)

La evaluación de estas dimensiones está basada en los distintos métodos y fuentes de información. Para comprender el cumplimiento de los compromisos de financiación, la canalización de los recursos y la alineación de las prioridades nacionales se analizan los datos de la Oficina del Enviado Especial a Haití de la ONU.[38] Esta institución está conduciendo el seguimiento de todos los flujos de la ayuda de reconstrucción en Haití, recogiendo la información desde los donantes, y ofrece una fuente valiosa para la evaluación del progreso de reconstrucción de una manera cuantitativa. Otras dimensiones son evaluadas mediante métodos cualitativos, principalmente mediante las informaciones recogidas durante el trabajo del campo y la revisión de los periódicos haitianos.

5.2. Promoción del liderazgo nacional

En este párrafo, intentamos examinar hasta qué punto la CIRH ha permitido al gobierno de Haití a ejercer un liderazgo efectivo sobre el proceso de reconstrucción. Como ya se ha señalado, la autoridad y la capacidad de hacer decisiones de las administraciones de Preval y Martelly habían sido debilitados por las pérdidas causadas por el terremoto, las elecciones problemáticas del noviembre 2010 y la falta de la mayoría en el parlamento. Además, las políticas de reconstrucción del gobierno y de los donantes han sido criticadas por la oposición política y la sociedad civil haitiana desde la Conferencia de Nueva York.

En primer lugar, las principales reuniones de la coordinación entre los donantes durante febrero-junio 2010 fueron celebradas fuera de Haití – en la República Dominicana, Canadá y los EE.UU. – que era una fuente de desconfianza para la opinión pública de Haití desde el principio (Intermon Oxfam 2010: 205). En segundo lugar, el plan de reconstrucción de Haití (PARDH), elaborado por el gobierno

[38] United Nations Office of the Special Envoy for Haiti. *Tracking International Assistance.* Disponible en: http://www.haitispecialenvoy.org/ (acceso 12 de mayo 2012)

mediante la ayuda de las consultorías externas provenientes de los EE.UU. fue duramente criticado por las organizaciones de la sociedad civil haitiana y las ONG internacionales por no prestar suficientemente atención a las necesidades sociales de las poblaciones afectadas (Progressio 2011: 11). Además, los donantes han resaltado que las prioridades del desarrollo nacionales del PARDH no están establecidas con la claridad suficiente y son poco concretas en algunos sectores (World Bank 2011: 9).
Durante su existencia, la CIRH pretendía representar un nuevo modelo de cooperación en los estados frágiles, donde "la comunidad internacional y un país afectado por el desastre como Haití acordaron trabajar conjuntamente – mediante un foro común, que apoya directamente a las prioridades del desarrollo nacionales" (IHRC 2011: 19). Los dos órganos de la CIRH – el Consejo Administrativo y la Secretaria Ejecutiva – tenían que trabajar en conjunto con los representantes del gobierno y la sociedad civil haitiana. El Consejo Administrativo – el organismo encargado de tomar las decisiones sobre la reconstrucción – reunió a los miembros haitianos y a los donantes, y tenía como objetivo principal la revisión y la aprobación de los proyectos.
Sin embargo, es evidente que la CIRH no logró cumplir su meta principal – crear una cooperación efectiva entre los donantes e instituciones del gobierno de Haití. El Consejo Administrativo de la CIRH – que se reunió solamente una vez en dos meses – no era capaz de coordinar las actividades reconstrucción en una manera significativa. Las pocas reuniones del Consejo Administrativo – se celebraron ocho durante toda la existencia de la CIRH – no permitían al Consejo realmente estar implicado en el proceso de reconstrucción (Oxfam 2011: 14).[39] Los entrevistados señalaron que el mandato de la CIRH no estaba claramente definido, resaltando que la conexión real con la implementación de los proyectos en el terreno era mínima.[40] Según destaca uno de los representantes de la Republica Dominicana en la CIRH:

> ``La meta de la Comisión Interina de Reconstrucción no era solamente decir cuáles son los proyectos que van: los fondos van a estos proyectos,

[39] Entrevista personal con el Asesor del PNUD de la Comisión Bilateral mixta Dominicana-Haitiana (Santo Domingo, febrero 2012).
[40] Ibídem.

sino que también tenía que meterse en definir quién y de qué manera van a llevar a cabo estos proyectos.... sin embargo, lo que efectivamente hacia la Comisión era mínimo – solo tenía que aprobar...“[41]

Al mismo tiempo, los miembros haitianos del Consejo Administrativo no tenían información completa sobre los proyectos que se están llevando al cabo en el terreno. Era evidente que su papel quedó limitado al aprobar a los proyectos preparados por los donantes y no ejercieron ningún control sobre los mismos, que implicó que la CIR no podía cumplir con sus metas principales: otorgar un liderazgo efectivo del gobierno de Haití ni proporcionar el soporte efectivo a los ministerios y los gobiernos locales de Haití.[42] [43] Las ineficacias en el trabajo de CIRH han sido causadas en gran parte por el bajo rendimiento de la Secretaria Ejecutiva de la CIRH. Como ya hemos señalado, la Secretaria fue operando en baja capacidad durante todo su funcionamiento durante 18 meses en 2010-2011 y sus funcionarios no eran capaces de recoger información necesaria sobre las necesidades de las poblaciones afectadas.[44]

Aunque el establecimiento de la Secretaria Ejecutiva de la CIRH en junio-julio 2010 estuvo dificultado por la debilidad de las instituciones haitianas, era evidente que los donantes fallaron en proporcionar un soporte eficaz para el funcionamiento de esta entidad. El informe de USGAO (2011: 31) resalta que en mayo 2011, un año después de creación de CIRH, la Secretaria Ejecutiva no estaba todavía “en pleno funcionamiento” (“*fully operational*”) debido a “los retrasos en la asignación de personal.” Para el diciembre 2010, la Comisión había llenado solo 53 posiciones de 100 que tenía previsto (ibídem). Según los funcionarios de la USAID y las ONG, la escasez de personal había afectado “al proceso de revisión del proyectos” y había limitado la comunicación entre los donantes y el gobierno (USAGAO 2011: 34).

---

[41] Entrevista personal con el representante de la Republica Dominicana en la CIRH (Ministerio de Economía, Planificación y Desarrollo de Republica Dominicana) (8 de febrero 2012, Santo Domingo)

[42] Ibídem.

[43] Entrevista personal con el Asesor de PNUD en la Comisión Mixta Bilateral Dominico-Haitiano (22 febrero de 2012, Santo Domingo).

[44] Le Nouvelliste 10 enero, 2012. *Un incroyable fiasco*. Haiti Briefing.

Aunque la Secretaria Ejecutiva tenía como principal objetivo facilitar la comunicación entre los donantes e instituciones públicas haitianas, el dialogo entre los ministerios y la Secretaria Ejecutiva de la CIRH fue muy limitado y los ministerios no estaban realmente implicados en el trabajo de esta institución.[45] La mayoría de los documentos relacionados con los proyectos de la CIRH estaban disponibles solo en inglés, que dificultó la participación de los miembros haitianos en el proceso de toma de decisiones (Oxfam 2011: 14).

Al mismo tiempo, el predominio de los intereses de los donantes en la CIRH causó constantemente conflictos entre los miembros haitianos y los donantes en el Consejo Administrativo. Aunque el gobierno y el parlamento de Haití tenían una representación directa en el Consejo Administrativo de la CIRH – teniendo un voto más que los donantes en las votaciones – era evidente que la Secretaria Ejecutiva de la CIRH estaba totalmente controlada por los donantes. La mayoría del personal de la Secretaria Ejecutiva provenía del Banco Mundial, BID, USAID y CIDA (*Canadian International Development Agency*) (IHRC 2011: 20).[46] Sin embargo, este problema no era causado por la falta de voluntad de los donantes, sino más bien por las capacidades limitadas del gobierno de Haití, que no era capaz de mandar sus representantes a la Secretaria Ejecutiva.[47] Los donantes, al mismo tiempo, no proporcionaron vías como aumentar la participación haitiana en la CIRH.

Las reuniones y la aprobación de los proyectos de reconstrucción en el Consejo Administrativo fueron afectadas por los continuos desacuerdos entre los miembros haitianos y los donantes. Las tensiones culminaron en la cuarta reunión de la CIRH en 4 de diciembre 2010 en Santo Domingo (República Dominicana), cuando los 12 miembros haitianos presentaron una declaración contra la política de la Secretaria Ejecutiva de la CIRH y su director Gabriel Verret, acusándoles de "falta de comunicación e incapacidad de proporcionar información a los miembros del

---

[45] La Nouvelliste 10 enero, 2012. *Un incroyable fiasco*. Haiti Briefing.

[46] Desgraciamente, el autor no dispone datos cuantos representantes del gobierno haitiano fue realmente implicado en el trabajo de la Secretaria Ejecutiva.

[47] Le Nouvelliste 10 enero, 2012. *Un incroyable fiasco*. Haiti Briefing.

Consejo Administrativo".[48] Los partes extraídos de esta declaración demuestran los problemas existentes en la CIRH:

> „Los doce miembros haitianos se sienten completamente desconectados de la vida de la CIRH. En las reuniones, hay una escasez crítica de la comunicación y la información desde la Secretaría Ejecutiva... A pesar de nuestra posición en la estructura de la institución, hasta ahora no hemos recibido ningún informe del seguimiento de las actividades de la CIRH. Los proyectos son a menudo enviados al Consejo en forma de tablas de resumen antes de las reuniones. La selección de personal (de la Secretaria Ejecutiva) y los consultores se hace sin que nos demos cuenta. De hecho, los miembros haitianos sólo tienen una función: la aprobación de las decisiones tomadas por otros."[49]

Los conflictos internos continuaron en la quinta reunión a finales de febrero de 2011, cuando los miembros de donantes, como el representante de la Unión Europea Lut Fabert-Goossens, y el representante de la CARICOM, P. J. Patterson, y admitieron que la CIRH ha llegado a ser disfuncional.[50] Aunque estos problemas de comunicación fueron ampliamente reconocidos por parte de los copresidentes y los órganos administrativos de la CIRH, no se ha podido encontrar soluciones duraderas para este problema durante todo el periodo del funcionamiento de la CIRH.[51]

Estos testigos muestran que la CIRH no fue capaz de crear un debate constructivo entre los donantes y el gobierno. Debido al bajo funcionamiento de sus órganos principales, la CIRH no ha sido eficaz en producir soluciones a los principales obstáculos vinculados con la reconstrucción – como el problema de los derechos de propiedad de la tierra o la elaboración de una estrategia general en el sector de la vivienda (Oxfam 2011: 14). Además, es evidente que la CIRH no ha logrado aumentar a las capacidades de la administración pública haitiana, que era uno de los

[48] Le Nouvelliste, 13 abril 2011. *Gabriel Verret quitte son poste, mais ne part pas*. Por Robenson Geffrard.
[49] Le Nouvelliste 10 enero, 2012. *Un incroyable fiasco*. Haiti Briefing.
[50] Le Nouvelliste 10 enero, 2012. *Un incroyable fiasco*. Haiti Briefing.
[51] Commission Intérimaire pour la Reconstruction d'Haïti. Disponible en: www.cirh.ht. (acceso 19 de abril 2012).

puntos claves destacados por los donantes en la Conferencia de Nueva York. Varias agencias multilaterales y agencias nacionales del desarrollo han desarrollado una cooperación eficaz con los ministerios haitianos, pero este se ha hecho principalmente a nivel bilateral y sin ninguna mediación por parte de la CIRH.[52]

Desde su fundación, la legitimidad de la CIRH fue seriamente cuestionada por la oposición política y las organizaciones de sociedad civil de Haití. La CIRH, creada por un decreto presidencial de Rene Preval en abril 2010, era considerada una medida inconstitucional y autoritaria, al mismo tiempo dominado por los intereses extranjeros. La CIRH operó en el marco del Estado de la Ley de Emergencia y era liberado por cualquier rendición de cuentas delante del poder legislativo (Fatton 2011: 165). Al mismo tiempo, las decisiones de esta comisión fueron solo condicionadas por del poder del veto del presidente (Fatton 2011: 165).

La CIRH sufrió duras críticas por parte de las cámaras legislativas de Haití, y una de las motivaciones de las críticas era la escasa representación del Poder Legislativo en la CIRH. Ambas cámaras del Parlamento estaban representadas solo por un miembro.[53] Estas tendencias muestran que las tensiones políticas haitianas – sobre todo la lucha continua entre el presidente y el parlamento – estuvieron reflejadas en el trabajo de la CIRH. Las administraciones de Rene Preval y Michel Martelly se tuvieron que enfrentar a ataques constantes en el parlamento, porque considerada que la autonomía de la CIRH puede fomentar las prácticas autoritarias del presidente.[54] Por ejemplo, algunos de los miembros haitianos de la CIRH fueron nombrados a través de medios no transparentes por el presidente Preval, que seriamente redujo su legitimidad a representar a la población haitiana (Fatton 2011: 166).[55]

Aunque la participación de las organizaciones de la sociedad civil haitiana y las ONG extranjeras en la planificación de reconstrucción estaba citada como una meta

---

[52] Entrevista personal con la Directora de Proyectos de Reconstrucción de AECID en Haití (15 de marzo 2012, entrevista con Skype).

[53] Le Nouvelliste, 7 febrero de 2012. *La reconstruction nage dans un flou absolu*. Por Carl-Henry Cadet.

[54] Entrevista personal con el representante de la Republica Dominicana en la CIRH, (Asesor de Asuntos Haitianos, Ministerio de Relaciones Exteriores de Republica Dominicana) (16 febrero de 2012, Santo Domingo).

[55] Haiti Liberté, 26 de junio 2010. *Only Fifteen Percent For Haitians as Interim Commission Prepares to Dole Out Reconstruction Contracts*. Por Kim Ives.

importante en el PARDH, su participación real en las decisiones sobre la reconstrucción ha sido limitada. Las ONG haitianas y extranjeras fueron invitadas a participar en las reuniones del Consejo Administrativo de la CIRH como miembros "oyentes", sin poder de voto (Intermon Oxfam 2010: 210). Aunque se ha resaltado el éxito de la CIRH en creación de una mesa redonda de discusión entre los actores, es evidente que la participación real de las organizaciones de sociedad civil en la revisión y aprobación de los proyectos ha sido mínima, según afirma el representante de la Republica Dominicana de la CIRH.[56]

El dominio excesivo de las instituciones multilaterales como la ONU, el Banco Mundial y el BID y los países como los EE.UU y Canadá en la CIRH y el FRH ha movilizado la opinión pública contra estos organismos.[57] En la opinión pública de Haití, el Banco Mundial y el BID están relacionados con las políticas neoliberales, que tenían un impacto negativo en la mayoría de la población del país en los años 90 (Wearne 2012: 18). Al mismo tiempo, las agencias de la ONU han sido relacionadas con la MINUSTAH, que tiene una imagen profundamente negativa en Haití (World Bank 2011: 4).[58] Además, muchos políticos haitianos no estuvieron dispuestos a cooperar con el Enviado Especial de las Naciones Unidas en Haití – el ex presidente estadounidense Bill Clinton – cuya administración (1993-2001) ha sido culpada por la política del fomento del libre comercio en 1995, que llevó a la destrucción de una gran parte de la agricultura de Haití.[59]

El periódico *Le Nouvelliste* señala claramente estos dilemas:

> „La posición de los diputados y senadores de Haití parecía como una reflexión de la opinión pública: la CIRH está percibida como una entidad

[56] Entrevista personal con el representante de la Republica Dominicana en la CIRH (Ministerio de la Economía, Planificación y Desarrollo de Republica Dominicana) (8 de febrero de 2012, Santo Domingo).

[57] Le Nouvelliste 10 enero, 2012. *Un incroyable fiasco*. Haiti Briefing.

[58] Haiti Liberté, 12 de abril 2011. *La CIRH rejetée par une quarantaine d'organisations haïtiennes*. Por Jackson Rateau.

[59] En 1995, mediante un acuerdo comercial con los EE.UU., se redujeron los aranceles a la importación de arroz desde extranjero del 35 por ciento a sólo al 3 por ciento. Incapaces de competir la producción importada desde los EE.UU., los productores de arroz de Haití tenían que dejar la cultivación de arroz. Esta política dejó miles trabajadores rurales haitianos sin trabajo. Desde esta época, Haití ha pasado de autosuficiencia de alimentos, como arroz, azúcar, carne de ave y cerdo, al mayor importador de productos alimenticios de los EE.UU. en el Caribe (Fuente: Wearne 2012: 18).

administrada por los donantes extranjeros, al mismo tiempo que los programas están siendo elaborados e implementados por los extranjeros con fondos extranjeros. Un antiguo consultor de la CIRH afirma que „la Comisión se ha concebido siempre como una estructura para ayudar no a los haitianos, pero sí a los donantes – para que ellos puedan asegurar sus contratos para los proyectos de sus empresas multinacionales y las ONGs"[60]

En conclusión, es muy difícil ver el liderazgo haitiano en el establecimiento de las prioridades de la reconstrucción. La ayuda en Haití está basada en gran medida en la modalidad de los proyectos, que son ejecutados directamente por los donantes, y el gobierno no ha logrado a establecer un control significativo sobre la implementación de estos proyectos mediante la CIRH. Es evidente también que la baja capacidad administrativa de CIRH tenía una influencia directa a la toma de decisiones sobre la reconstrucción de Haití, sobre todo limitando la voz de la representación haitiana. [61] La CIRH fracasó en desarrollar un foro de coordinación entre los donantes y el gobierno – las decisiones más importantes fueron tomadas más bien unilateralmente por los donantes.

La Autoridad del Desarrollo de Haití sería la nueva identidad para dirigir la reconstrucción, que hubiera tenido que reemplazar a la CIRH después del fin de su mandato en octubre 2011. Esta institución tendría un carácter fundamentalmente diferente de la CIRH, porque estaría gobernada totalmente por el gobierno de Haití y los donantes tendrían solamente un papel observador.[62] Sin embargo, como ya se ha señalado, debido a las tensiones entre el poder ejecutivo y legislativo de Haití, esta institución no se ha puesto todavía en marcha. La falta de claridad sobre el futuro de esta institución impone un riesgo sobre el proceso de reconstrucción y puede demorar seriamente el desembolso de los fondos.

---

[60] Le Nouvelliste 10 enero, 2012. *Un incroyable fiasco.* Haiti Briefing.

[61] Entrevista personal con el Asesor de PNUD de la Comision Mixta Bilateral Dominicana-Haitiana (Santo Domingo, 22 de febrero 2012).

[62] Entrevista personal con el representante de la Republica Dominicana en la CIRH (Ministerio de la Economía, Planificación y Desarrollo de Republica Dominicana) (8 de febrero 2012, Santo Domingo).

5.3. Cumplimiento de los compromisos de financiación por parte de los donantes

En este párrafo se pretende evaluar el cumplimiento de los compromisos de la Conferencia de Nueva York por parte de los donantes internacionales y analizar el impacto potencial de la CIRH y el FRH sobre eso. A finales del 2011, los donantes del sector público habían desembolsado sólo US$ 2,38 mil millones (52,9 %) de US$ 4,5 mil millones de la ayuda prometida en la Conferencia de Nueva York para los años 2010-2011. Además, los donantes desembolsaron otros US$ 654,8 millones para los esfuerzos de reconstrucción a través de otras fuentes, que no formaron parte de los compromisos de la Conferencia de Nueva York. Durante el mismo periodo, los donantes, principalmente Venezuela, los EE.UU y el Fondo Monetario Internacional cancelaron una parte de la deuda externa de Haití, con valor de US$ 980 millones.[63]

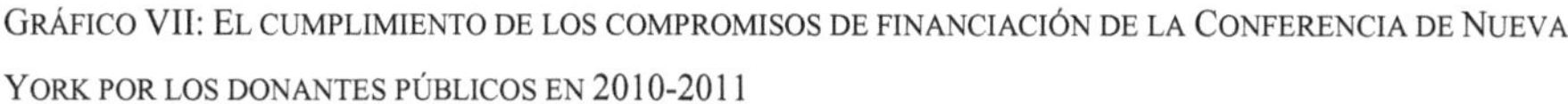

GRÁFICO VII: EL CUMPLIMIENTO DE LOS COMPROMISOS DE FINANCIACIÓN DE LA CONFERENCIA DE NUEVA YORK POR LOS DONANTES PÚBLICOS EN 2010-2011

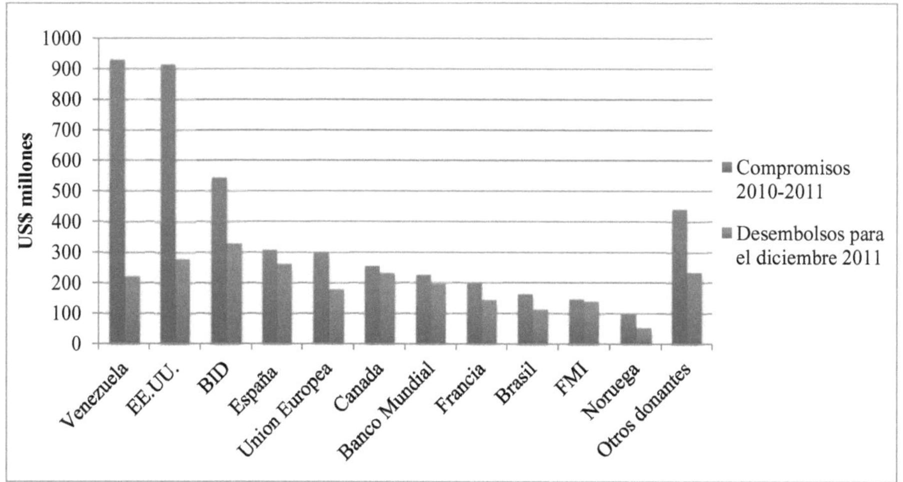

Fuente: Elaboración propia a partir de OSE. *Tracking International Assistance*.

Aunque los donantes han reconocido, que la previsibilidad de la ayuda es fundamental para la planificación de las actividades del desarrollo del gobierno nacional, es evidente que la volatilidad de ayuda no ha sido evitada en el caso la

[63] United Nations Office of the Special Envoy for Haiti. *Tracking International Assistance.* Disponible en: http://www.haitispecialenvoy.org/ (acceso 12 de mayo 2012).

reconstrucción de Haití. Es especialmente preocupante que los flujos de ayuda hayan disminuido a partir del comienzo del 2011 – solo US$ 706,9 millones se han desembolsado a las tareas reconstrucción en 2011, que es dos veces menor que las de 2010.[64] Es evidente que el cumplimiento de los compromisos dentro de marcos temporales previamente establecidos depende de varios factores, sobre todo en los problemas institucionales de los receptores (Dollar y Levine 2005).

Como ya se ha señalado, los donantes fueron inconsistentes en el cumplimiento de sus compromisos en Haití ya antes del terremoto. En Aceh y Nias, los donantes desembolsaron casi 93 % de los recursos comprometidos para el periodo de 2005-2009, pero estos datos son difícilmente comparables con Haití, porque el marco temporal en caso de Indonesia era más extendido (cuatro años). [65] Debido a varias razones, hay muy pocos datos disponibles sobre el grado de cumplimiento de los compromisos en otras situaciones de desastres, y no son comparables entre ellos. En este sentido, es difícil comparar los niveles de desembolso en Haití con otras situaciones de desastres naturales.

A pesar de esta afirmación, es posible determinar algunas tendencias, que permiten explicar el bajo cumplimiento de los compromisos en el caso de Haití. Queda evidente que los donantes multilaterales han desembolsado un mayor porcentaje de los fondos que los donantes bilaterales. Al mismo tiempo, los dos donantes bilaterales más grandes, los EE.UU. y Venezuela, han desembolsado respectivamente el 30 % y el 24 % de los fondos comprometidos en Nueva York. Sin embargo, ambos países han contribuido fondos desde otras fuentes de financiación, que no forman parte de compromisos asumidos en la Conferencia de Nueva York.[66] Los EE.UU. han desembolsado otros US$ 476 millones desde otras fuentes de financiación, siendo el donante más grande con US$ 665 millones desembolsados en abril 2012.[67]

---

[64] Ibidem.

[65] Asian Development Bank. *BRR Aceh-Nias presentation at ADB Workshop on Post-Tsunami Lesson Learned.* 2009. http://www.scribd.com/AsianDevelopmentBank (acceso 5 de mayo 2012).

[66] United Nations Office of the Special Envoy for Haiti. *Tracking International Assistance.* Disponible en: http://www.haitispecialenvoy.org/ (acceso 12 de mayo 2012).

[67] Ibidem.

En el caso de Venezuela, las cifras del cumplimiento de los compromisos de Nueva York no reflejan muy bien la asistencia proporcionada por este país, porque Venezuela canaliza la mayoría de su asistencia a través de créditos de Petrocaribe, que no son contabilizados como la ayuda al desarrollo (Ministre de l'Economie et des Finances de Haiti 2012: 1).[68] Los préstamos del bajo tipo de interés de Petrocaribe financian varios proyectos de infraestructura del gobierno (ibídem). Esto significa que el impacto de la ayuda de Venezuela es probablemente mucho más grande, que está reflejada en el cumplimiento de sus compromisos de Nueva York.[69]

Cabe destacar dos principales nociones positivas de la asistencia de Venezuela: en 2010, el país canceló una gran parte de la deuda de Haití (US$ 405 millones), y la gran mayoría de su ayuda (93 %) es proporcionada mediante las subvenciones para los programas directamente ejecutados por el gobierno, ayudando de esta manera a fortalecer instituciones locales.[70] Al mismo tiempo, los flujos de la ayuda proporcionados por el Petrocaribe no son contabilizados por la Oficina del Enviado Especial de Haití, que propone varios problemas de la transparencia y la rendición de cuentas. El uso de estos fondos ha sido vinculado con varios escándalos de corrupción relacionado con la administración de Martelly, mostrando a luz a falta de transparencia por el caso de ayuda de Venezuela.[71]

El porcentaje de cumplimiento de los compromisos varía entre los países donantes, siendo influenciado por varios factores, como los diferentes obstáculos en la planificación e implementación de los programas de reconstrucción en el terreno. El Congreso de los EE.UU. retrasó varias veces el desembolso de los fondos prometidos para el 2010 por los problemas y las ineficacias que se han percibido en el proceso (USGAO 2011). La mayoría de los representantes de los donantes entrevistados coinciden en resaltar, que la causa principal del bajo nivel de desembolso es la debilidad marcada de las instituciones públicas de Haití. El gobierno haitiano no sido

[68] Le Defend. 12 febrero 2012. *Pays de l'ALBA accord pour augmenter l'aide à Haïti.*
[69] Associated Press. 4 de deciembre 2011. *AP Interview: Haiti leader says Venezuela aid key.* Por Ian James.
[70] United Nations Office of the Special Envoy for Haiti. *Tracking International Assistance.* Disponible en: http://www.haitispecialenvoy.org/ (acceso 12 de mayo 2012).
[71] Associated Press. 4 de deciembre 2011. *AP Interview: Haiti leader says Venezuela aid key.* Por Ian James.

capaz de producir planes estratégicos en las áreas cruciales de reconstrucción, como construcción de vivienda y recolección de escombros, que dificulta la implementación de los proyectos (Oxfam 2012: 19).

Además, los ministerios haitianos, que participan en la formulación de los proyectos, no han sido capaces de cooperar efectivamente con las agencias de donantes.[72] Muy a menudo, los retrasos en el desembolso y la implementación de los proyectos se han debido a la incapacidad de las agencias públicas haitianas a producir documentación legal adecuada. Otro problema – que parece evidente en las evaluaciones de los proyectos de la CIRH de PAO – ha sido la falta de personal cualificado en los ministerios y los gobiernos locales (PAO 2011: 38).[73] Al mismo tiempo, la corrupción de las instituciones públicas haitianas es ampliamente percibida. Estos desafíos estaban reflejados también en las reuniones del Consejo Administrativo de la CIRH. Uno de diplomáticos que representó la Republica Dominicana en la CIRH afirma que:

> "…además de problemas de orden político, donde también hay mucho desorden, más es un problema institucional. Los ministerios y los gobiernos locales son muy débiles, entonces no hay manera de cooperar. Los donantes perciben que no pueden hacer gran cosa con los ministerios. Son personas que se dan cuenta, de que allí hay un desorden. Entienden que su dinero va posiblemente parar el bolsillo de alguna gente…"[74]

Una de las metas principales de la CIRH y el FRH era garantizar el desembolso de los recursos de una manera planificada, siguiendo la estrategia nacional del desarrollo haitiano reflejada en el PARDH. El papel de CIRH en el cumplimiento de los compromisos puede ser evaluado en varias dimensiones. En primer lugar, la creación de la CIRH ha sido vista como principal precondición y garantía para el desembolso de los fondos, que permite otorgar la transparencia necesaria en el uso de los

[72] Entrevista personal con el Director de Programas, Departemiento de la Integración Regional, Comercio y Sector Privado, Delegación de la Unión Europea en República Dominicana (30 enero 2012, Santo Domingo).
[73] Ibidem.
[74] Entrevista personal con el representante de la Republica Dominicana en la CIRH (Ministerio de la Economía, Planificación y Desarrollo de Republica Dominicana) (8 de febrero de 2012, Santo Domingo).

recursos. Jean-Max Bellerieve, el ex primer ministro haitiano y el copresidente de la CIRH durante su mandato de 18 meses, resaltó en noviembre 2011 que en las condiciones de la inestabilidad política persistente de Haití, la CIRH ha tenido una importancia crucial para el cumplimiento de los compromisos por parte de los donantes.[75]

Aunque el nivel de desembolsos ha sido decepcionante, hay que reconocer el papel de la CIRH en la creación de una confianza y seguridad necesaria para los desembolsos. Es evidente que sin la CIRH, la canalización de los fondos hubiera sido más difícil si no imposible.[76] Los funcionarios haitianos y los donantes internacionales (Francia, Canadá, los EE.UU.) han resaltado la necesidad de prorrogación del mandato de la CIRH para garantizar el desembolso de los fondos en el futuro – a pesar de que esta prorrogación ha sido fuertemente criticada por el parlamento y la sociedad civil haitiana.[77] [78] El presidente Martelly ha admitido que el cumplimiento de los compromisos por los donantes depende de la prolongación del mandato de la CIRH o la fundación de la Autoridad para el Desarrollo de Haití (Oxfam 2012: 8).[79]

Por otro lado, la CIRH ha sido el objetivo de muchas críticas, porque no ha sido capaz de crear un vínculo efectivo entre los ministerios y las agencias de los donantes. En este sentido, la CIRH no cumplió con una de sus metas fundamentales: proporcionar un soporte para los ministerios y otras agencias públicas para involucrarse efectivamente a las actividades de reconstrucción, que se están llevado a cabo por los donantes.[80] La implicación de las instituciones haitianas a las actividades de la CIRH ha sido extremadamente limitada y la cooperación entre los donantes y

[75] Le Nouvelliste, 9 de novimbre de 2011. *La CIRH reste un sésame, selon Bellerive*. Por Roberson Alphonse.

[76] Entrevista personal con el Ministro de Consejero de la Embajada de Haití en República Dominicana (31 de enero 2012, Santo Domingo).

[77] Entrevista personal con el Ministro Consejero de la Embajada de Haití en República Dominicana (31 de enero 2012, Santo Domingo).

[78] Le Nouvelliste. 25 novimbre 2011. *La reconstruction d'Haïti menacée de paralysie*. Por Daniel Trenton.

[79] Haiti Libre, 28 noviembre de 2011. *Haïti - Reconstruction : Quel avenir pour la CIRH ?*

[80] Le Nouvelliste 10 enero, 2012. *Un incroyable fiasco*. Haiti Briefing.

las instituciones haitianas a través de la CIRH no han dado resultados persistentes (USGAO 2011: 35).

Aparte de estos problemas, es evidente también que el FRH ha recibido mucho menos recursos de los previstos por el gobierno de Haití. Durante 2010-2011, US$ 312 millones, 12 % de los fondos desembolsados por los donantes, se ha canalizado a través del FRH.[81] Sólo 6 países – los EE. UU., Canadá, Brasil, España, Japón y Noruega han contribuido más de US$ 30 millones (HRF 2012: 3). Muchos de los donantes bilaterales importantes, sobre todo Venezuela, no han canalizado fondos significativos a través del FRH, que implica que el impacto del FRH en la financiación de reconstrucción ha sido limitado.

Al mismo tiempo, los problemas de política interna de los donantes bilaterales tienen una influencia sobre el cumplimiento de los compromisos, que no son directamente relacionados con la ineficacia de la CIRH y el FRH. Los procesos burocráticos del Congreso y el Departamento del Estado de los EE.UU. demoraron seriamente el desembolso de la asistencia estadounidense en 2010.[82] Asimismo, la situación económica y política de los países donantes sigue impactando la reconstrucción de Haití. Por ejemplo, aunque España ha desembolsado más de 80 % de los fondos prometidos en la Conferencia de Nueva York para el periodo de 2010-2011, es evidente que el cumplimiento de los compromisos del periodo de 2012-2020 depende de la situación económica y social doméstica. La Directora de Proyectos de Reconstrucción de la AECID en Haití señaló la importancia de factores de política doméstica, resaltando que los fondos comprometidos para el Haití "pueden sufrir serios recortes en el futuro," debido a la reducción del presupuesto de la ayuda al desarrollo española. [83] Además, las noticias de Haití ocupan cada vez menos espacio

[81] United Nations Office of the Special Envoy for Haiti. *Tracking International Assistance.* Disponible en: http://www.haitispecialenvoy.org/ (acceso 12 de mayo 2012).

[82] Foreign Policy, 18 octubre de 2010. *Jon Stewart was wrong: Coburn is not holding up the Haiti relief money.* Por Josh Rogin.

[83] Entrevista personal con la Directora de Proyectos de Reconstrucción de AECID en Haití (15 de marzo 2012, entrevista con Skype).

en la prensa internacional, que implica que su desastre es menos visible, que puede reducir la rapidez del desembolso de los fondos.[84]

Finalmente, es muy difícil determinar, que cantidad de los recursos internacionales se han gastado realmente en el terreno durante el periodo 2010-2011. Por ejemplo, el informe financiero del FRH publicado en febrero 2012 muestra, que aunque US$ 259 millones se han desembolsado para los socios de implementación (*partner entities*) el Banco Mundial, el BID y el PNUD, solo US$ 56 millones ha sido gastado para ejecución de los proyectos (HRF 2012: 9). Más decepcionante ha sido rendimiento del BID, que todavía no ha gastado nada de sus US$ 42 millones destinados para los proyectos de infraestructura y creación de empleo (ibidem). Al mismo tiempo, los gastos administrativos del FRH durante el periodo de 2010-2011 han alcanzado a los US$ 3 millones (ibidem).

5.4. Canalización de la ayuda a través de las instituciones públicas y alineación de la ayuda con las prioridades nacionales

En la conferencia de Nueva York en 2010 fueron claramente expuestas las ideas que la ayuda tiene que fluir a través de las instituciones locales, y el gobierno nacional tiene derecho a determinar las prioridades económicas y sociales de la reconstrucción.[85] En este párrafo se analizan estas dos cuestiones durante el periodo de 2010-2011 y se pretende investigar hasta qué punto los donantes han logrado canalizar la ayuda a través de las instituciones locales y acercar la asistencia a las prioridades nacionales haitianas, expuestas en el PARDH. Al mismo tiempo, se evalúa del papel de la CIRH y FRH en estas mismas áreas.

En primer lugar, queda manifestada que la ayuda no ha sido suficientemente canalizada través de las instituciones públicas de Haití. Es evidente que los donantes no han cumplido con su promesa para proporcionar una ayuda presupuestaria suficiente a Haití. Para enfrentar las enormes pérdidas que habían sufrido las

[84] Entrevista personal con el Ministro Consejero de la Embajada de Haití en República Dominicana (31 de enero 2012, Santo Domingo).

[85] Entrevista personal con el representante de la Republica Dominicana en la CIRH (Ministerio de la Economía, Planificación y Desarrollo de la Republica Dominicana) (8 de febrero de 2012, Santo Domingo).

instituciones públicas por causa del terremoto, el gobierno de Haití había pedido US$ 350 millones de apoyo presupuestario para el 2010 (Gouvernement de la République d'Haïti 2010b: 52). Sin embargo, solo US$ 225 millones fueron desembolsados por los donantes en 2010.[86] La ayuda presupuestaria disminuyó a US$ $ 95 millones en 2011, cuando los donantes desembolsaron menos ayuda presupuestaria que antes del terremoto en el 2009 (OSE 2011: 8). Como se ha enfatizado en el PARDH, la canalización de la ayuda presupuestaria ha sido una de las principales metas de FRH (HRF 2011: iii). Sin embargo, solo US$ 67,4 millones (21 % de la ayuda presupuestaria total) fueron canalizados a través del FRH en 2010-2011.

La falta de la previsibilidad en el desembolso de la ayuda presupuestaria ha constituido un problema serio para el gobierno, porque obstaculiza la planificación de las actividades de reconstrucción de una manera efectiva.[87] Según el Banco Mundial, la disminución de la ayuda presupuestaria no está causado solo por la baja capacidad de los sistemas de las finanzas públicas de Haití, pero también por la inestabilidad política general relacionada con las elecciones problemáticas y la falta del primer ministro durante los cinco meses en 2011 (World Bank 2011: 5).[88]

[86] United Nations Office of the Special Envoy for Haiti. *Tracking International Assistance.* Disponible en: http://www.haitispecialenvoy.org/ (acceso 12 de mayo 2012)

[87] Entrevista personal con el Ministro Consejero de la Embajada de Haití en República Dominicana (31 de enero 2012, Santo Domingo).

[88] United Nations Office of the Special Envoy for Haiti. *Tracking International Assistance.* Disponible en: http://www.haitispecialenvoy.org/ (acceso 12 de mayo 2012)

GRAFICO VIII: LA COMPOSICIÓN DE LA AYUDA DESEMBOLSADA POR LOS DONANTES PÚBLICOS EN 2010-2011 (US$ MILLONES)

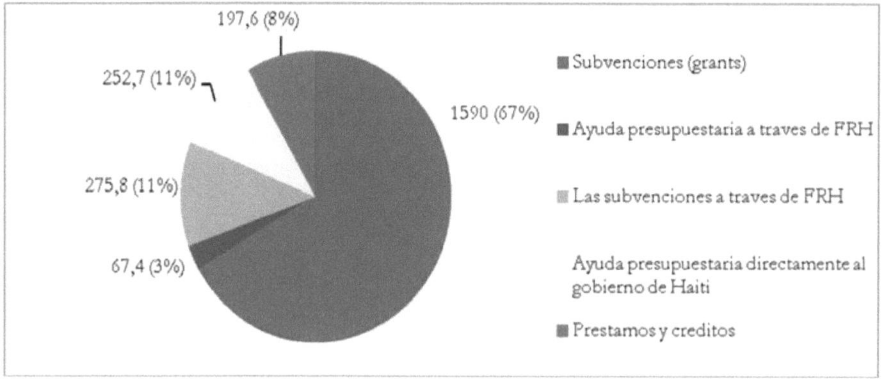

Fuente: Elaboración propia a partir de OSE. *Tracking International Assistance*.

Vemos que solo US$ 620 millones fueron dados a las actividades ejecutadas por el gobierno mediante las subvenciones, de las cuales la asistencia de Venezuela (US$ 207 millones) formó casi un tercio (Grafico VIII).[89] Al mismo tiempo, casi 40 % de los recursos han sido canalizados directamente a través de las ONG, fundaciones y las empresas privadas. Cabe destacar también que estos datos sacan a la luz la ayuda proporcionada por los donantes públicos, y no reflejan la ayuda privada donada a las ONG internacionales, que ha superado los niveles de la ayuda pública. Los posibles efectos negativos que pueden ser causados por la excesiva canalización de los recursos fuera de los estructuras del estado serán analizados en el próximo párrafo.

[89] United Nations Office of the Special Envoy for Haiti. *Tracking International Assistance.* Disponible en: http://www.haitispecialenvoy.org/ (acceso 12 de mayo 2012).

GRAFICO IX: LOS RECEPTORES DE LAS SUBVENCIONES DE LOS DONANTES PÚBLICOS EN 2010-2011 (US$ MILLONES)

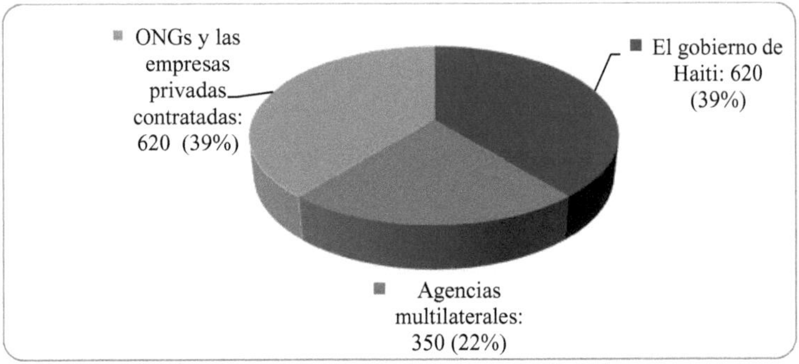

Fuente: Elaboración propia a partir de OSE. *Tracking International Assistance*.

En el comienzo de la reconstrucción era ampliamente reconocido también la importancia de la canalización de recursos a través del sector privado haitiano, que podría promover el incremento de las capacidades de empresas locales y asegurar la sostenibilidad de los proyectos de reconstrucción a largo plazo. Sin embargo, la participación de las empresas privadas y las ONG haitianas en la implementación de los proyectos ha sido extremadamente limitada y la mayoría de los proyectos de construcción han sido ejecutados por las empresas norteamericanas (PAO 2011). Por ejemplo, solo aproximadamente 1 % de fondos desembolsados por la USAID para la ejecución de los proyectos de reconstrucción en 2010-2011 se ha destinado a las empresas haitianas.[90] En este sentido, es especialmente evidente el fracaso de la CIRH en la promoción de participación del sector privado haitiano.

En segundo lugar, es evidente que la ayuda no se ha alineado con los principios establecidos en el plan nacional de reconstrucción (PARDH). Como hemos señalado, este plan estableció las necesidades de financiación concretas para el periodo de 2010-2011 en cuatro sectores – reconstrucción territorial, económica, social e institucional – y los planes sectoriales de la CIRH fueron basados en estas necesidades. Sin embargo, los datos de los desembolsos de 2010-2011 muestran, que

[90] United States Agency of International Development (USAID). *Haiti.* Disponible en: http://haiti.usaid.gov/opportunities/haitian_partners.php (acceso 26 de mayo 2012).

la distribución de la ayuda no ha seguido los planes sectoriales – la mayoría de los sectores no han recibido fondos suficientes, mientras otros sectores han recibido más ayuda que la establecida en el PARDH.

GRÁFICO X: LAS NECESIDADES DE FINANCIACIÓN ESTABLECIDAS EN EL PARDH Y LOS DESEMBOLSOS EN DIFERENTES SECTORES DE RECONSTRUCCIÓN EN 2010-2011

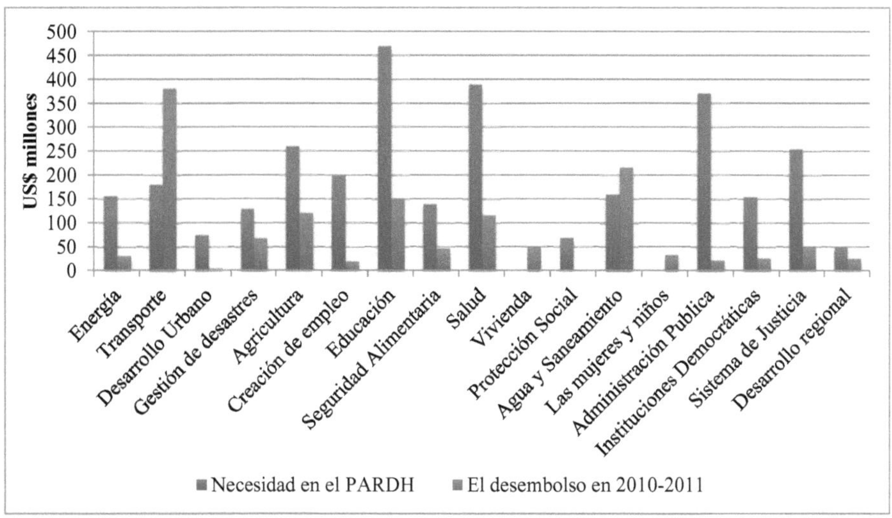

Fuente: Elaboración propia a partir de los datos de OSE. *Tracking International Assistance* y HRF (2012).

Por ejemplo, los programas de retirada de los escombros – cruciales para el progreso de la reconstrucción – han recibido muy pocos fondos. Otros sectores especialmente críticos para la recuperación social, como la salud y la educación, y los programas para aumentar la capacidad de la administración pública, las instituciones políticas y el sistema de justicia han sido crónicamente poco financiados. Al mismo tiempo, los sectores como el transporte, el agua y el saneamiento han recibido más fondos de los previstos en el plan nacional. Aunque es ampliamente reconocida la falta de claridad del PARDH sobre las necesidades de algunos sectores – que hace difícil a los donantes saber las prioridades haitianas – son evidentes también las deficiencias de financiación por parte de los donantes (USGAO 2011: 42).

Es evidente que la CIRH no ha cumplido con su papel en la alineación de la asistencia internacional con las prioridades haitianas, porque el valor de los proyectos aprobados no refleja las necesidades expuestas en el plan nacional de reconstrucción (Tabla V). El testimonio de un miembro haitiano de la CIRH refleja esta problemática:

> "Podemos encontrarnos enfrente una multitud de proyectos que no coinciden, aunque algunos de ellos son sin duda interesantes individualmente. Pero conjuntamente, no están de ninguna manera de acuerdo con las necesidades de emergencia, rehabilitación - y mucho menos con el desarrollo de largo plazo - de Haití...“[91]

TABLA V: LAS NECESIDADES DE FINANCIACIÓN DEL PARDH, LOS SECTORES TEMÁTICOS Y LOS DESEMBOLSOS EN DIFERENTES SECTORES DE RECONSTRUCCIÓN EN 2010-2011

Área	Necesidad de PARDH para el periodo 2010-2011 (millones de US$)	Número de Proyectos Aprobados por la CIRH	Valor de los proyectos de CIRH (millones de US$)	Desembolsos en el sector en 2010-2011 (millones de US$)
Vivienda	350[a]	14	263	56,8
Recolección de los Escombros	265	3	52	50,9
Educación	470	5	632	136, 8
Energía	157	3	12,5	31
Salud	390	20	235	116,5
Creación de Empleo	200	16	653	19,9
Agua y Sanidad	160	3	241	216
Administración publica	372	6	31	22

Notas: a) Las necesidades concretas para el sector de vivienda no fueron expuestas en el PARDH. Este dato viene de Informe de las necesidades de la CIRH (IHRC 2011).

Fuente: Elaboración propia a partir de los datos de IHRC (2011), HRF (2012), PAO (2011) y OSE. *Tracking International Assistance*.

Aunque es difícil a evaluar la compatibilidad de los proyectos con las necesidades reales de reconstrucción, ha quedado evidente que una gran parte de los proyectos aprobados por la CIRH no reflejan a las necesidades reales de la población (USGAO

[91] Le Nouvelliste, 10 enero, 2012. *Un incroyable fiasco*. Extraida de Haiti Briefing.

2011: 42). Era evidente que la capacidad de la CIRH dirigir los fondos a sectores prioritarios del gobierno de Haití ha sido inexistente. Como se ha señalado, la CIRH no controlaba directamente a los fondos y su capacidad de "dar dirección" a los fondos era muy limitada. Aunque los miembros haitianos de la CIRH podían rechazar los proyectos presentados, eran los donantes quienes determinaron qué cantidad de fondos serian proporcionados en cada área prioritaria (USAGAO 2011: 42). Aunque el FRH tenía como objetivo proporcionar una financiación estratégica a las áreas enfatizadas en el PARDH, es evidente que su influencia ha sido muy limitada, porque solo el 12 % de la financiación se ha canalizado a través este fondo.

5.5. Coordinación entre los donantes internacionales

Debido el gran número de los donantes públicos – 55 donantes bilaterales y multilaterales prometieron fondos en la Conferencia de Nueva York - y miles de ONG, la coordinación entre los donantes ha sido un asunto trascendental en el proceso de reconstrucción. La mayoría de los informantes entrevistados para esta investigación reconocieron la importancia de la CIRH y el FRH para la promoción de la cooperación entre los donantes internacionales. Sin ninguna duda, la CIRH y el FRH han proporcionado un espacio esencial para la coordinación a los esfuerzos de las agencias multilaterales y las agencias de los donantes bilaterales, creando un nuevo paradigma de cooperación internacional en Haití, que no existía antes del terremoto.[92]

Los proyectos principales en las áreas de recolección de los escombros, la reconstrucción de las viviendas, la infraestructura, la salud y la educación fueron elaborados mediante una estrecha cooperación dentro de la CIRH por los donantes principales, como el PNUD, el BID, el Banco Mundial, la Unión Europea, los EE.UU., Canadá, España, Francia y Japón (PAO 2011). Una gran parte de estos proyectos recibieron el financiamiento desde el FRH, que ha sido una garantía para el cumplimiento de los compromisos de la conferencia de Nueva York por parte de los

[92] Entrevista personal con el representante de la Republica Dominicana en la CIRH (Ministerio de la Economía, Planificación y Desarrollo de la Republica Dominicana) (8 de febrero 2012, Santo Domingo).

donantes (HRF 2012: 9). El FRH era especialmente valioso para los donantes más pequeños – como Noruega, Suecia y Finlandia – que carecían las capacidades de ejecutar los proyectos en el terreno (HRF 2011). El FRH ha ofrecido una posibilidad de contribuir para la reconstrucción en una manera coordinada y transparente, y al mismo tiempo permitiendo participar en las reuniones de toma de decisiones sobre la reconstrucción también a los donantes más pequeños.

Sin embargo, la llegada de los resultados concretos en el terreno ha sido extremadamente lenta y es evidente que la mayoría de la ayuda no ha logrado a alinearse con las prioridades nacionales haitianas de PARDH. Además, Venezuela – la segunda donante bilateral más grande – ha estado casi totalmente ausente en las actividades de estas instituciones de coordinación – no ha presentado ningún proyecto para la aprobación de CIRH, lo cual demuestra su falta de voluntad para la coordinación de sus actividades con otros donantes (PAO 2011).

Además, es evidente que la CIRH y el FRH han podido implicar solo los donantes del sector público y no han tenido casi ninguna influencia sobre los proyectos realizados por los actores privados, principalmente por las ONG y las fundaciones privadas (PAO 2011).[93] Aunque los representantes de la CIRH habían resaltado, que la implicación de comunidad de las ONG es uno de sus objetivos prioritarios, es evidente que muy pocas ONG presentaron sus proyectos para la aprobación de la comisión (IHRC 2011: 21). El número total de los proyectos de las ONG es imposible a determinar y, tomando en cuenta que ya antes del terremoto más de 3000 ONG actuaban en el país, es evidente que muy pocos proyectos de reconstrucción están coordinados por la CIRH (Kristoff y Panarelli 2010: 1). Esto demuestra que el impacto de la CIRH en la coordinación de reconstrucción estaba reducido.[94] [95]

---

[93] Entrevista personal con la Directora del Observatorio Migrantes del Caribe (11 de febrero 2012, Santo Domingo).

[94] Le Nouvelliste. 8 abril 2011. *CIRH à l'heure de nouvelles orientations*. Por Roberson Alphonse.

[95] El problema de multiplicación de los actores era presente en el caso de reconstrucción de Aceh, donde más de 600 ONG estaban activamente ejecutando los proyectos en el terreno. Sin embargo, casi todos los proyectos implementados por las ONGs fueron coordinados por la agencia de coordinación estatal (BRR), determinando si sus esfuerzos alineen con los planes del desarrollo nacionales y el uso de sus fondos sea transparente. (Fuente: Asian Development Bank. *BRR Aceh-Nias presentation at ADB Workshop on Post-Tsunami Lesson Learned*. 2009. Disponible en: http://www.scribd.com/AsianDevelopmentBank. (acceso 5 de mayo 2012)).

En Haití, las ONG han desempeñado un papel clave en la provisión de los servicios de la salud, la educación y el empleo, y es evidente que su importancia ha aumentado después del terremoto. Hoy en día, las ONG proveen en cooperación con las agencias de la ONU la mayoría de la ayuda humanitaria a las poblaciones de los campos de refugiados. Durante las dos décadas anteriores del terremoto, los haitianos han estado acostumbrados a buscar los servicios públicos de las ONG y no del gobierno (Kristoff y Panarelli 2010: 1). Al mismo tiempo, la canalización de la ayuda a través de las ONG ha tenido una influencia negativa en las instituciones públicas de Haití. Como ya se ha señalado, se ha creado un flujo de personal capacitado desde las instituciones públicas a las ONG internacionales (Kristoff y Panarelli 2010: 1).

Según la OSE, las ONG internacionales recibieron aproximadamente US$ 3 mil millones en donaciones privadas durante 2010-2011.[96] Sin embargo, las ONG no financian sus actividades solo mediante las donaciones privadas, pero reciben una gran parte de su financiación desde las subvenciones de donantes públicos. Durante 2010-2011, más de US$ 620 millones de la financiación proveniente de los donantes bilaterales fue canalizada a través de las ONG (véase párrafo 5.4.).[97] Es evidente que la contribución de las ONG, que poseen los conocimientos necesarios para ejecutar los proyectos en el terreno, es extremadamente valiosa en el contexto de la fragilidad estatal. Sin embargo, la implicación de las ONG haitianas en la reconstrucción ha sido todavía marginal, aunque hay algunos ejemplos notables del éxito.

La falta de coordinación de las ONG significa, que la mayoría de la asistencia al desarrollo no está alineada con las prioridades nacionales, porque los proyectos de las ONG no toman en cuenta el plan nacional de reconstrucción del gobierno (PARDH). La excesiva canalización de los fondos a través de las ONG ha sido criticada en las entrevistas y conversaciones con funcionarios y diplomáticos haitianos, que hace que los haitianos sientan que no participan realmente en el proceso de reconstrucción. [98]

[96] United Nations Office of the Special Envoy for Haiti. *Tracking International Assistance.* Disponible en: http://www.haitispecialenvoy.org/ (acceso 12 de mayo 2012).

[97] Ibidem.

[98] Entrevista personal con el Ministro Consejero de la Embajada de Haití en República Dominicana (31 de enero 2012, Santo Domingo).

Aunque los países donantes prometieron en la Conferencia de Nueva York canalizar más recursos a través de las instituciones públicas, varios donantes siguen canalizando la mayoría de sus recursos a través de los actores privados. Por ejemplo, los EE.UU. y la Unión Europea desembolsaron 82 % y 67 % de sus recursos a través de las ONG internacionales, respectivamente.[99]

Por parte de Haití, la coordinación de las ONG ha sido inexistente, porque no existe una institución pública que controle directamente el trabajo de las ONG.[100] Según un diplomático haitiano, existe un comité de asuntos de las ONG dentro de la Oficina del Primer Ministro de Haití, pero no ha tenido ni funciones ni el presupuesto real.[101] Debido a este, hay poca transparencia en el uso de los fondos por parte de las ONG internacionales. Asimismo, la corrupción de las ONG es conocida entre los haitianos y los donantes.[102]

Al mismo tiempo, han surgido varias iniciativas por parte de las propias ONG a coordinar sus actividades en Haití. [103] Aunque muchas de las grandes ONG cooperan y coordinan sus actividades con las agencias de la ONU y agencias de desarrollo nacionales (como USAID, CIDA o AECID), no han estado dispuestas a presentar sus proyectos enfrente a la CIRH. Esto implica que la "anarquía de las ONG" en la reconstrucción de Haití continua. Las ONG no han presentado sus proyectos a la CIRH debido varias razones. Esta institución fue percibida como excesivamente burocrática, al mismo tiempo incapaz de administrar y coordinar los proyectos de una manera adecuada.[104] Era evidente que durante su existencia, la CIRH no era capaz de crear iniciativas para la inclusión de las ONG. Puede ser que la falta de voz de las

---

[99] United Nations Office of the Special Envoy for Haiti. *Tracking International Assistance.* Disponible en: http://www.haitispecialenvoy.org/ (acceso 12 de mayo 2012).

[100] Entrevista personal con el Ministro Consejero de la Embajada de Haití en República Dominicana (31 de enero 2012, Santo Domingo).

[101] Ibidem.

[102] Entrevista personal con el Asesor de medios de comunicación, UNICEF (21 de enero de 2012, Puerto Príncipe).

[103] El consorcio de las ONG InterAction (los EE.UU.), que ha recibido un total US$ 876 millones desde donaciones privadas, ha intentado a crear un foro para coordinación de las actividades de la ONG en Haití, pero aparece que no ha tenido contacto significativo con el gobierno. Al mismo tiempo, varias organizaciones y fundaciones de sociedad civil haitiana han intentado a crear foros para aumentar la transparencia de las actividades de las ONG internacionales.

[104] Entrevista personal con la coordinadora de los proyectos de ONG Bochika (los EE.UU.) (21 de enero 2012, Puerto Príncipe).

ONG en el Consejo de Administración de la CIRH – sobre todo la falta del derecho de voto – ha inclinado a las ONG a no participar en la Comisión (Progressio 2011: 12). La percepción de las ONG sobre la CIRH es explicada por una especialista académico de República Dominicana:

> "muchas organizaciones percibieron que iba ser un proceso burocrático, que lo iban a cortocircuitar, entonces habría que ver, que porcentaje de los recursos realmente fue canalizado a través de Comisión interina. (La Comisión) fue vista como un mecanismo de filtro, pero no de aprobación y (las ONG) entendieron que este mecanismo no era adecuado para la reconstrucción."[105]

Además, es evidente que muchas de las ONG no quieren que exista una rendición de cuentas efectiva sobre sus actividades. El gobierno de Haití ha destacado, que la Autoridad del Desarrollo de Haití, supuesto sucesor de la CIRH que todavía no se ha puesto en marcha, crea unos mecanismos más eficaces para la cooperación con las ONG y admite un papel más concreto en el control de las actividades de actores privados (Kristoff y Panarelli 2010: 3).

5.6. Transparencia y mutua responsabilidad

La transparencia y rendición de cuentas mutua es un tema transcendental, que se ha reflejado en todas las otras dimensiones de la eficacia de la ayuda, tratados en este trabajo. En la Conferencia de Nueva York de 2010, fue especialmente enfatizada la transparencia en las actividades de la reconstrucción. En este párrafo no se pretende desarrollar un análisis exhaustivo de la transparencia y rendición de cuentas en el proceso de reconstrucción, sino centrar en el papel de la CIRH y el FRH en creación de una transparencia mutua entre los donantes, el gobierno y la población de Haití.

En las condiciones de la inestabilidad de los gobiernos y la debilidad institucional extrema, los donantes necesitaban unas garantías efectivas, que los fondos

[105] Entrevista personal con la Directora del Observatorio Migrantes del Caribe (11 de febrero 2012, Santo Domingo).

desembolsados se ponen en buen uso. La mayoría de las evaluaciones coinciden, que la aprobación de los proyectos por la CIRH y su implementación por parte del FRH ha sido un mecanismo eficaz en la creación de una transparencia necesaria sobre el uso de los fondos, que permita un seguimiento del progreso de los proyectos (USAGAO 2011: 33).[106] La Oficina de Rendición y Anticorrupción (PAO) de la CIRH fue creada para cumplir estas metas y contribuir a la transparencia y rendición de cuentas mediante la recopilación de las informaciones sobre el progreso de los proyectos en el terreno.

Sin embargo, el establecimiento de este órgano fue retrasado hasta abril de 2011, debido a varios desacuerdos sobre su papel entre los donantes y el gobierno (USAGAO 2011: 34). Además, era evidente que la recogida de la información por parte de esta entidad dependió totalmente de la voluntad de los donantes de compartir dicha información (IHRC 2011: 19). Las evaluaciones fueron realizadas solo sobre los proyectos de los donantes públicos, y los proyectos de las ONG quedaron totalmente fuera del seguimiento realizado por la PAO. En este sentido es evidente que la transparencia de las actividades de las ONG ha sido prácticamente inexistente.

Por otro lado, la transparencia y la rendición de cuentas de las actividades de la CIRH y el FRH frente el gobierno, el parlamento y la sociedad civil de Haití ha sido en gran medida ausente, y eso ha sido una de las principales causas de falta de legitimidad de estas instituciones. Como ya se ha señalado, las fuertes deficiencias respecto a la transparencia que existían dentro de la CIRH – sobre todo en el proceso del intercambio de la información sobre proyectos de los donantes – implicó que los miembros haitianos no fueron propiamente informados sobre los proyectos de reconstrucción. En este sentido, está justificada la crítica del parlamento haitiano sobre la falta de transparencia de la CIRH. Asimismo, la opinión pública ha culpado la CIRH por las deficiencias de reconstrucción, como el progreso lento en la retirada de los escombros y la construcción de las viviendas permanentes.[107]

[106] Entrevista personal con el representante de la Republica Dominicana en la CIRH (Ministerio de la Economía, Planificación y Desarrollo de la Republica Dominicana) (8 de febrero 2012, Santo Domingo).
[107] Le Nouvelliste, 28 Novembre 2011. *Le renouvellement du mandat de la CIRH et les promesses électorales du président Martelly.* Por Maître Gédéon Jean.

Al mismo tiempo, la asignación de los contratos de construcción a las empresas privadas ha sido el área, donde se ha faltado la transparencia necesaria sobre las actividades del gobierno. Ambos los gobiernos de Preval y Martelly han recibido acusaciones de corrupción en las asignaciones de los contratos de construcción de obras públicas.[108] [109] Sin embargo, la mayoría de ellos no han sido directamente conectados con los proyectos de la CIRH, sino las actividades de reconstrucción implementados por el gobierno.

En el caso de desastres naturales masivos, es importante prestar atención a la transparencia y rendición de cuentas frente a las comunidades afectadas, cuya vida está realmente impactada por los programas de reconstrucción. Los estudios sobre las reconstrucciones en ámbitos de desastres naturales han resaltado la necesidad del intercambio de la información sobre las actividades de reconstrucción, que permite la incluir las comunidades locales al esfuerzo de la reconstrucción y garantizar la sostenibilidad de los proyectos llevados a cabo por los donantes (Christoplos 2006: 23). En los estados frágiles como Haití, donde la mayoría de la ayuda está canalizada mediante los proyectos ejecutados por los donantes, es especialmente necesaria a prestar atención a la transparencia de las actividades de los donantes.

Aunque algunas de las ONG han logrado a establecer unos lazos estrechos y horizontales con las comunidades locales – incluyendo la gente local en las actividades de reconstrucción – queda evidente que la mayoría de las agencias de donantes no han tenido éxito en la creación de vínculos con las poblaciones afectadas por el desastre.[110] Es evidente que la CIRH no ha aplicado ninguna medida concreta para incluir las comunidades locales a los proyectos de reconstrucción. La CIRH fue criticada por la falta de una estrategia de comunicación con la población haitiana en general. La página de web de la CIRH (disponible en francés e inglés) no ha sido un

[108] Le Nouvelliste. 7 febrero de 2012. *La reconstruction nage dans un flou absolu.* Por Carl-Henry Cadet.

[109] Alter Presse. 2 de abril 2012. *Haiti-Rép. Dominicaine : Martelly impliqué dans un grave scandale de corruption, selon la presse dominicaine.*

[110] Entrevista personal con la coordinadora de proyectos de ONG Bochika (21 enero de 2012, Puerto Principe).

mecanismo de comunicación adecuada para proporcionar información a la población haitiana, de que una gran mayoría habla solo creole (Intermon Oxfam 2011: 210).[111]

[111] Le Nouvelliste. 10 enero de 2012. *Un incroyable fiasco. Haiti Briefing.*

VI. Conclusiones

Esta investigación tenía como objetivos evaluar las políticas de reconstrucción de Haití desde la perspectiva de la eficacia de la ayuda y analizar el papel desempeñado por las instituciones de coordinación de la reconstrucción. En el comienzo del proceso de la reconstrucción, sobre todo en la Conferencia sobre el futuro de Haití en Nueva York en marzo 2010, el gobierno de Haití y los donantes internacionales reconocieron los desafíos enormes que propuso el proceso de reconstrucción. La comunidad internacional mostró una gran voluntad para cambiar sus acercamientos previos de la ayuda al desarrollo de Haití e intentar crear un nuevo modelo de cooperación en los estados frágiles, que refuerce las capacidades del gobierno nacional y las instituciones locales (Crane *et al.* 2010: 145). Las dos instituciones – la CIRH y el FRH – fueron puestas en marcha para alcanzar estos objetivos.

Dos años después del cataclismo, Haití sigue estando afectado por una profunda crisis humanitaria y es muy probable que necesite la ayuda durante un tiempo prolongado en el futuro. Como en otras situaciones de los desastres, la implementación de los programas de reconstrucción ha experimentado varias dificultades en Haití. Se puede reconocer el éxito moderado en algunas áreas, como la provisión de los servicios sociales, al mismo tiempo cuando el progreso de reconstrucción ha sido seriamente obstaculizado en otras áreas como la recolección de los escombros y la construcción de las viviendas permanentes (Oxfam 2012).

No cabe duda que la debilidad de las instituciones de Haití es el factor principal, que explica las dificultades en el proceso de reconstrucción en el terreno. Esta marcada debilidad ha sido evidente durante el trabajo de campo y visita a este país en el enero 2012, y ha estado reflejado en todas las entrevistas y conversaciones realizadas con los actores de reconstrucción. En Haití, la emergencia humanitaria y el proceso de reconstrucción están interrelacionados con el conflicto político y social profundo, que había motivado la intervención de la MINUSTAH en 2004. Las transiciones políticas de Haití, sobre todo las dos vueltas de las elecciones presidenciales en 2010-2011, constituyeron unos verdaderos desafíos para el proceso de reconstrucción. Al mismo tiempo, la falta de la mayoría parlamentaria ha dificultado la toma de decisiones del presidente Martelly.

Para llegar algunas conclusiones tentativas sobre el impacto de las políticas de reconstrucción en la fase inicial de reconstrucción de dos años, hemos evaluado estas políticas en seis dimensiones de la eficacia da la ayuda, al mismo tiempo intentando determinar la influencia de los organismos de coordinación – la CIRH y el FRH – sobre estas dimensiones. Las seis dimensiones – la promoción del liderazgo nacional, el cumplimiento de los compromisos de financiación, la canalización de los recursos a través del estado, la alineación de la ayuda con las estrategias nacionales, la coordinación entre los donantes y la transparencia y rendición de cuentas – están derivadas de la Declaración de París sobre la Eficacia de la Ayuda (2005) y la literatura previa sobre los desastres naturales. A continuación se presentan los resultados de investigación en dichas dimensiones.

Es evidente que el gobierno de Haití no ha asumido un liderazgo efectivo sobre la reconstrucción de su país. La meta principal de la CIRH era dar más voz al gobierno y a la sociedad civil haitiana sobre el diseño e implementación de los proyectos. Esta meta era especialmente relevante porque la gran mayoría de la ayuda de reconstrucción en Haití estaba destinada a los proyectos separados, que son implementados por las agencias de donantes y las ONG, y no implican la participación activa del gobierno de Haití. Sin embargo, la presente investigación muestra que la participación real del gobierno, el parlamento y la sociedad civil ha sido casi nula, que implica que la CIRH ha fracasado en la promoción de una toma de decisiones más horizontal entre los donantes y los receptores. Además, durante su mandato quedó manifestado el bajo funcionamiento de los órganos de la CIRH y la limitada participación haitiana en el trabajo de la misma.

En segundo lugar, los donantes no han cumplido sus compromisos asumidos en la Conferencia de Nueva York – solo un poco más de mitad de los recursos comprometidos en para el periodo de 2010-2011 fueron desembolsados para finales del 2011.[112] Es evidente que las razones por el bajo cumplimiento de los compromisos están relacionadas con las deficiencias institucionales de Haití, y las causas internas de los países donantes. A pesar del bajo nivel del desembolso, se ha resaltado el papel de la CIRH en creación de garantías para el uso efectivo de los fondos. Al mismo tiempo, el FRH ha recibido relativamente pocos fondos de los donantes, que ha limitado su papel en la financiación de reconstrucción.

En tercer lugar, es evidente que la ayuda no se ha canalizado suficientemente a través de las instituciones públicas de Haití y no ha seguido el plan nacional de la reconstrucción, que permite dudar la eficacia de la asistencia en el fortalecimiento de las instituciones haitianas. La composición de los flujos de la ayuda no ha cambiado después del terremoto y la canalización de la ayuda es similar al periodo anterior (OSE 2011: 8). En cuarto lugar, la coordinación entre los donantes internacionales es el área donde la CIRH y el FRH han tenido evaluaciones positivas. Sin embargo, queda manifestada que ni el gobierno de Haití ni la CIRH han logrado a coordinar y controlar las actividades de las ONG internacionales actuando en el país.

En quinto lugar, es evidente que la CIRH y el FRH han desempeñado un papel esencial en la creación de transparencia en el uso de los fondos para los donantes. Al mismo tiempo, la CIRH falló a proporcionar información esencial a los representantes haitianos de la CIRH, que ha limitado la rendición de cuentas de esta institución frente al gobierno nacional. Cabe resaltar también que la CIRH no era capaz de incluir donantes privados, lo cual implica que la rendición de cuentas de las actividades de las ONG en Haití ha sido inexistente.

Después de poner a prueba la hipótesis central del trabajo – determinando el impacto de la CIRH y el FRH en las seis dimensiones de la eficacia de la ayuda – se puede constatar que ambas instituciones han tenido varias deficiencias y no han desempeñado el papel previsto en la Conferencia de Nueva York. Es especialmente resaltable el fracaso de la CIRH – aunque el órgano ha tenido un rol importante en la coordinación entre los donantes públicos y la creación de una transparencia necesaria

[112] United Nations Office of the Special Envoy for Haiti. *Tracking International Assistance.* Disponible en: http://www.haitispecialenvoy.org/ (acceso 12 de mayo 2012).

sobre el uso de los fondos para los donantes, es evidente que ha fracasado en otras dimensiones como la promoción del liderazgo del gobierno nacional sobre la reconstrucción, la canalización de los recursos a través del estado, la alineación de la ayuda con los planes nacionales y la coordinación entre las ONG internacionales.

Al mismo tiempo, se puede afirmar que el FRH ha cumplido con sus funciones básicas, proporcionando una financiación efectiva a los sectores prioritarios del gobierno. Sin embargo, su impacto ha sido reducido hasta ahora debido al hecho de que los donantes han canalizado una parte muy pequeña de los fondos mediante esta institución (12 %). Además, solo una parte minoritaria de estos recursos se han sido realmente gastados en el terreno. En este sentido, las acciones del FRH han estado caracterizadas por problemas similares al Fondo de Reconstrucción de Aceh y Nías y a otros fondos de reconstrucción multidonantes (HRF 2011: 23).

En conclusión, en esta investigación quedan claramente manifestados los problemas de la eficacia de la ayuda de la reconstrucción de Haití, que permite dudar sobre el papel de la ayuda internacional en el fomento del desarrollo y fortalecimiento de las capacidades institucionales de Haití. Aunque las dimensiones estudiadas en este trabajo no reflejan la Declaración de París (2005) de una forma completa cabe destacar que los indicadores utilizados han permitido un acercamiento valioso al caso de la reconstrucción de Haití. En comparación de la reconstrucción de Aceh y Nías, es evidente la falta total del liderazgo de gobierno nacional sobre la determinación de las prioridades de reconstrucción en Haití.

Es evidente que el contexto institucional de los receptores y las políticas aplicadas por los donantes condicionan la eficacia de la ayuda en las reconstrucciones de los estados frágiles. Los principales problemas presentes en la reconstrucción de Haití, como la ausencia del liderazgo efectivo del gobierno, la canalización excesiva de los recursos a través de canales no estatales y la falta de coordinación entre las ONG han sido evidentes en la mayoría de los estados frágiles, donde el impacto económico, social e institucional de la ayuda internacional ha sido poco contundente.

Para asegurar del éxito del proceso de reconstrucción en el futuro, sería muy necesario poner en marcha la Autoridad del Desarrollo de Haití – o alguna otra entidad pública – que este directamente conectado con el gobierno y el poder legislativo de Haití, al mismo tiempo permitiendo la participación activa de los donantes. Su función principal seria ejercer un control efectivo sobre los proyectos realizados en el terreno por los donantes, y asegurar la implicación de los ministerios, los gobiernos locales y las empresas privadas haitianas. Al mismo tiempo, los donantes deben encontrar nuevas vías, como canalizar más recursos a través de las instituciones públicas, mediante el apoyo presupuestario y las subvenciones destinadas directamente a las actividades al gobierno.

VII: Referencias Bibliográficas

1. Bibliografía general

AHMED, Rafeeuddin; KULESSA, Manfred y MALIK, Khalid. *Lessons learned in crises and post-conflict situations : the role of UNDP in reintegration and reconstruction programmes*. New York: United Nations Development Programme, 2002.

ALONSO, José Antonio (ed.). *Financiación del desarrollo: viejos recursos, nuevas propuestas*. Madrid: Fundación Carolina, Siglo XXI de España Editores, 2009.

AMIN, Samir y GOLDSTEIN, Markus (ed.). *Data against natural disasters : establishing effective systems for relief, recovery and reconstruction*. Washington DC : World Bank, 2008.

ARNOLD, Margaret. Disaster reconstruction and Risk Management for Poverty Reduction. *Journal of International Affairs*, 2006, vol. 59, 2: 269-279.

BARAKAT, Sultan. The failed promise of multi-donor trust funds: aid financing as an impediment to effective state-building in post-conflict contexts. *Policy Studies*, 2009, vol. 30, 2: 107-126.

BECERRA, Oscar; CAVALLO, Eduardo y NOY, Ilan. *In the Aftermath of Large Natural Disasters, what happens to foreign aid?* Working Paper No. 10-18. Department of Economics, University of Hawaii at Manoa, 2010.

BRUNTON, Desmond P. *Aid Effectiveness in the Caribbean: Revisiting Some Old Issues*. Carribean Development Bank. Staff Working Paper No. 3/00, 2000.

BURNSIDE, Craig y DOLLAR, David. *Aid, Policies, and Growth: Revisiting the Evidence*. World Bank Policy Research Working Paper 3251, 2004.

BUSS, Terry y GARDNER, Adam. *Why Foreign Aid to Haiti Failed. Summary Report of the National Academy of Public Administration*. Washington DC: National Academy of Public Administration, 2006.

CHARVÉRIAT, Céline. *Natural Disasters in Latin America and the Caribbean: An Overview of Risk.* Research Department Working papers series, nr. 434, Inter-American Development Bank, 2000.

CHRISTOPLOS, Ian. *Links between relief, rehabilitation and development in the Tsunami response: A Synthesis of Initial Findings*. Tsunami Evaluation Coalition. London: 2006. Texto disponible en línea en la dirección: http://www.alnap.org.

DE VILLE DE GOYET, Claude y GRIEKSPOOR, André. Natural Disasters: The Best Friend of Poverty. *Georgetown Journal on Poverty Law and Policy,* 2007, vol. 14, (1): 61–94.

DIJKSTRA, Geske y KORMIVES, Kristin. The PRS approach and the Paris Agenda: Experiences in Bolivia, Honduras and Nicaragua. *European Journal of Development Research*, 2011, vol. 23, 2: 191-207.

ENGBERG-PEDERSEN, Lars; ANDERSEN, Louise; STEPPUTAT, Finn and y JUNG, Dietrich. *Fragile Situation. Backround Papers.* DIIS Report 2008:11. Copenhagen: Danish Institute for International Studies (DIIS), 2008.

FATTON, Robert Jr. Haiti in the Aftermath of the Earthquake: The Politics of Catastrophe. *Journal of Black Studies,* 2011, vol. 42, 158-185.

GIBSON, Clark C.; ANDERSSON, Krister; OSTROM, Elinor y SHIVAKUMAR, Sujai. *The Samaritan's Dilemma: The Political Economy of Development Aid.* New York: Oxford University Press, 2005.

HYDEN, Goran. After the Paris Declaration: Taking on the Issue of Power. *Development Policy Review*, 2008, vol. 26, 3: 259-274.

JAYASURIYA, Sisira y MCCAWLEY, Peter. *Reconstruction after a Major Disaster: Lessons from the Post-Tsunami Experience in Indonesia, Sri Lanka, and Thailand.* Asian Development Bank Institute Working Paper No. 125., 2008.

LEVIN, Victoria y DOLLAR, David. *The forgotten States: Aid volumes and volatility in difficult partnership countries (1992-2002).* OECD- DAC Learning And Advisory Process On Difficult Partnerships. OECD: 2005. Texto disponible en línea en la dirección: http://siteresources.worldbank.org/INTLICUS/Resources/TheForgottenStates.pdf

MASYRAFAH, Harry y MCKEON, Jock M. *Post-Tsunami Aid Effectiveness in Aceh: Proliferation and Coordination in Reconstruction.* Wolfensohn Center for Development Working Paper 6, 2008.

MOWJEE, Tasneem y COPPARD, Dan. *Analysis of International Humanitarian Architecture: Final Report.* Commissioned by Australian Government Overseas Aid Program as part of its Humanitarian Action Policy Update, 2009. Texto disponible en línea en la dirección: http://www.devinit.org/wp-content/uploads/resource-docs/HAP-international-analysis-report-090902.pdf

OSLAND, Anna. Resolving Land Ownership Issues for a Community Water Project: A Post-Earthquake Development Dispute in Rural El Salvador. *Planning Theory and Practice*, 2010, vol. 11, 1: 47–63.

RASCHKY, Paul A. y SCHWINDT, Manijeh. *On the Channel and Type of International Disaster Aid.* World Bank Policy Research Working Paper 4953, 2009.

RENARD, Robrecht. *The Cracks in the New Aid Paradigm.* Discussion paper 1. Institue of Development Policy and Management of University of Antwerpen, 2006. Texto disponible en línea en la dirección: http://www.ua.ac.be/dev.

ROODMAN, David. *Aid Project Proliferation and Absorptive Capacity.* Working Paper nr. 75. Center for Global Development, 2006.

RUEDA-JUNQUERA, Fernando y GOZALO-DELGADO, Mariola. *Eficacia de la ayuda para el comercio en América Latina: implicaciones de la Declaración de París.* Avances de Investigación nr. 57. Madrid: Fundación Carolina, 2011.

SILVA, Mario. Island in Distress: State Failure in Haiti. *Florida Journal of International Law*, 2011, vol. 23: 48-73.

TAKASAKI, Yoshito. Do Local Elites Capture Natural Disaster Reconstruction Funds? *Journal of Development Studies*, 2011, vol. 47: 1281-1298.

WINTERS, Cecilia Ann. Institution Building in Haiti: An Assessment of the Interim Cooperation Framework 2004–2006. *Journal of Human Development*, 2008, vol. 9, 2: 283-303.

WOODING, Bridget. El impacto del terremoto en Haití sobre la inmigración haitiana en República Dominicana. *América Latina Hoy*, 2010, vol. 56: 111-129.

WORLD BANK . *Hazards of Nature, Risks to Development An Independent Evaluation Group IEG Evaluation of World Bank Assistance for Natural Disasters*. Washington DC: World Bank, 2006. Texto disponible en línea en la dirección: http://www.worldbank.org/ieg.

2. Informes y documentos

AGENCIA ESPAÑOLA DE COOPERACIÓN INTERNACIONAL PARA EL DESARROLLO (AECID). *La ayuda programática: una modalidad avanzada de cooperación al desarrollo*. Unidad de ayuda programática. Informe de AECID, 2009. Disponible en línea en la dirección: http://www.aecid.es/es/que-hacemos/ayuda-programatica/Folleto_ayuda_programatica/

ASIAN DEVELOPMENT BANK. *BRR Aceh-Nias presentation at ADB Workshop on Post-Tsunami Lesson Learned*. 2009. Disponible en línea en la dirección: http://www.scribd.com/AsianDevelopmentBank.

BRR AND PARTNERS. *Aceh and Nias – Two Years after the Tsunami*. Progress Report. Jakarta/Banda Aceh: 2006. Disponible en línea en la dirección: http://www.recoveryplatform.org/assets/publication/9%20sept/Indonesia_Tsunami_general.pdf

CENTRE DE RECHERCHE, DE REFLEXION, DE FORMATION ET D´ACTION SOCIALE (CERFAS). *Buletin #1 Observatoire des Politiques Publiques et de la Coopération Internationale*. Puerto Principe: CERFAS, 2011. Disponible en línea en la dirección: http://www.cerfashaiti.org/documents/bulletinobservatoire/CERFAS_Haiti_bulletin_de_monitoringFR.pdf.

COLLIER, Paul. *Haiti: From Natural Catastrophe to Economic Security. A Report for the Secretary-General of the United Nations*. 2009. Texto disponible en línea en la dirección: http://jmcstrategies.com/2009/04/07/haiti-from-natural-catastrophe-to-economic-security/

COMMISSION INTÉRIMAIRE POUR LA RECONSTRUCTION D'HAÏTI (CIRH). *Plan Strategique pour le restant de mandat de la CIRH.* 2011. Disponible en línea en la dirección: http://www.cirh.ht/files/pdf/cirh_plan_Strategique_francais_20101214.pdf

CRANE, Keith; DOBBINS, James; MILLER, Laurel; RIES, Charles; CHIVVIS, Christopher S.; HAIMS, Marla; OVERHAUS, Marco; SCHWARTZ, Heather Lee y WILKE, Elizabeth. *Building A More resilient Haitian State.* RAND Corporation. International Security, and Defense Policy Center of the RAND National Security Research Division, 2010. Disponible en línea: http://www.rand.org/pubs/monographs/MG1039.html

GOUVERNEMENT DE LA RÉPUBLIQUE D'HAÏTI. *Haïti–PDNA du Tremblement de Terre Évaluation des dommages, des pertes et des besoins généraux et sectoriels.* 2010a. Disponible en línea: http://www.haitispecialenvoy.org/report-center/

GOUVERNEMENT DE LA RÉPUBLIQUE D'HAÏTI. *Plan d'action pour le relevement et le développement national d'Haiti. (PARDN).* 2010b. Disponible en línea: http://www.haiticonference.org/PLAN_D_ACTION_HAITI.pd

GOUVERNEMENT DE LA RÉPUBLIQUE D'HAÏTI. *Etat des Decaissements pour les Projets finances par le Fonds Petrocaribe (Periode D´Octubre 2011 au Janvier 2012).* Ministere de l´Economia et des Finances. Direction Generale du Budget. 2012a. Disponible en línea: www.bureaudegestion.gouv.ht

GOUVERNEMENT DE LA RÉPUBLIQUE D'HAÏTI. *La Situation des Fonds Petrocaribe au 29 février 2012.* Ministere de l´Economia et des Finances, 2012b. Disponible en línea: www.bureaudegestion.gouv.ht

HAITI RECONSTRUCTION FUND (HRF). *First Annual Progress Report.* 2011. Disponible en línea en la dirección: www.hrf.org

HAITI RECONSTRUCTION FUND (HRF). *Financial Report. As of February 29, 2012.* Prepared by the World Bank as Trustee. 2012. Disponible en línea en la dirección: www.hrf.org.

HAITI SHELTER CLUSTER. *Shelter and CCCM Needs Analysis and Response Strategy 2012*. 2012. Disponible en línea en la dirección: https://sites.google.com/site/shelterhaiti2010/

INTERNATIONAL MONETARY FUNF (IMF) *Second and Third Reviews Under the Extended Credit Facility*. IMF Country Report No. 12/74. 2012. Disponible en línea: http://www.imf.org/external/pubs/ft/scr/2012/cr1274.pdf

INTERIM HAITI RECOVERY COMMISSION (IHRC). *Haiti One Year Later: The Progress to Date and the Path Forward. A Report From the Interim Haiti Recovery Commission*. 2011. Disponible en línea en la dirección: www.cirh.ht

INTERMÓN OXFAM. *La realidad de la ayuda 2010. Una evaluación independiente de la ayuda y las políticas de desarrollo en tiempos de crisis*. Coleccion de Informes nr 39, 2010. Texto disponible en línea en la dirección: www.IntermonOxfam.org

INTERNATIONAL FEDERATION OF RED CROSS AND RED CRESCENT SOCIETIES (IFRC). *An Evaluation of the Haiti Earthquake 2010. Meeting Shelter Needs: Issues, Achievements and Constraints*. 2011. Disponible en línea en la dirección: www.ifrc.org.

JOHNSTON, Jake y WEISBROT, Mark. *Haiti's Fatally Flawed Election*. Center for Economic and Policy Research. 2011. Disponible en linea: http://www.cepr.net/documents/publications/haiti-2011-01.pdf

KRISTOFF, Madeline y PANARELLI, Liz. *Haiti: A Republic of NGOs?* Peacebrief 23, United States Institute of Peace, 2010. Disponible en línea: www.usip.org

NATSIOS, Andrew S. *After the Earthquake: Empowering Haiti to Rebuild Better. Testimony for the Senate Foreign Relations Committee hearing on Haiti*. Center for Global Development, 2010. Disponible en línea: http://www.cgdev.org/content/publications/detail/1424157

ORGANISATION FOR ECONOMIC CO-OPERATION AND DEVELOPMENT (OECD). *The Paris Declaration on Aid Effectiveness. Second High Level Forum on Aid Effectiveness*. París: OECD, 2005. Disponible en línea en la dirección: www.oecd.org/dac

ORGANISATION FOR ECONOMIC CO-OPERATION AND DEVELOPMENT (OECD). *DAC Guidelines and Reference Series Applying Strategic Environmental Assessment: Good Practice Guidance for Development Co-operation*. Paris: OECD, 2006.

ORGANISATION FOR ECONOMIC CO-OPERATION AND DEVELOPMENT (OECD). *Aid to fragile states: Focus on Haiti.* París: OECD, 2008. Disponible en línea en la dirección: www.oecd.org/dac

ORGANISATION FOR ECONOMIC CO-OPERATION AND DEVELOPMENT (OECD). *Aid Effectiveness 2005–10: Progress in implementing the Paris Declaration.* OECD Publishing. París: OECD 2011. Disponible en línea en la dirección: www.oecd.org/dac

ORGANISATION FOR ECONOMIC CO-OPERATION AND DEVELOPMENT (OECD). *International Engagement in Fragile States: Can't we do better?* Paris: OECD Publishing, 2011. Disponible en línea en la dirección: www.oecd.org

OVERSEAS DEVELOPMENT INSTITUTE. *Getting better results from assistance to fragile states.* Briefing Paper 70, 2012. Disponible en línea en la dirección: www.odi.org.uk

OXFAM INTERNATIONAL. *De la emergencia a la reconstrucción. Apoyar el buen gobierno de Haití tras el terremoto.* Oxfam, 2011. Disponible en línea: www.oxfam.org.

OXFAM INTERNATIONAL Haití: *El lento camino hacia la reconstrucción: Dos años después del terremoto*. Oxfam, 2012. Disponible en línea: www.oxfam.org.

PERFORMANCE AND ANTICORRUPTION OFFICE OF IHRC (PAO). *IHRC Approved Projects. Status Update*. Interim Haiti Recovery Commission, 2011. Disponible en línea en la dirección: www.cirh.ht

PROGRESSIO. *Haiti after the earthquake. Civil society perspectives on Haitian reconstruction and Dominican-Haitian bi-national relations.* Progressio Policy Report. London: Progressio, 2010. Disponible en línea en la dirección: www.progressio.org.uk

SAVE THE CHILDREN. *Modernizing the Foreign Assistance: Insights from the field: Haiti*. Working Paper. Save the Children Federation, 2009. Disponible en línea: *www.savethechildren.org/atf/cf/%7B9def2ebe-10ae-432c.../SC-Haiti.pdf*

TAFT-MORALES, Maureen y RIBANDO, Clare M. *Haiti: Developments and U.S. Policy Since 1991 and Current Congressional Concerns*. CRS Report for Congress, 2007. Disponible en línea: http://fpc.state.gov/documents/organization/109547.pdf

UNITED NATIONS DEVELOPMENT PROGRAMME. *Haiti Rebuilds. UNDP, 2012.* Disponible en línea: www.ht.undp.org

UNITED NATIONS OFFICE OF THE SPECIAL ENVOY FOR HAITI (OSE). *Has the Aid changed? Channelling assistance to Haiti before and after the earthquake. 2011.* Disponible en línea en la dirección: www.haitispecialenvoy.org

UNITED NATIONS. *Strengthening of the coordination of emergency humanitarian assistance of the United Nations. Report of the Secretary-General.* General Assembly Economic and Social Council, 2011. Disponible en línea en la dirección: http://www.un.org/en/ecosoc/julyhls/pdf11/sg_report_on_strengthening_coordination_a-66-81_e-2011-117.pdf

UNITED STATES AGENCY OF INTERNATIONAL DEVELOPMENT (USAID). *Fast Facts on U.S. Government's work in Haiti.* 2012. Disponible en línea en la dirección: http://haiti.usaid.gov/haiti

UNITED STATES GENERAL ACCOUNTING OFFICE (USGAO). *USAID's Earthquake Recovery Program in El Salvador Has Made Progress, but Key Activities Are Behind Schedule. Report to the Subcommittee on Foreign Operations, Export Financing, and Related Programs, Committee on Appropriations, House of Representatives*, 2003. Disponible en línea en la dirección: http://www.gao.gov/products/GAO-11-415

UNITED STATES GENERAL ACCOUNTING OFFICE (USGAO). *Haiti reconstruction. U.S. Efforts Have Begun, Expanded Oversight Still to Be Implemented. Report to*

Congressional Committees. 2011. Disponible en línea en la dirección: http://www.gao.gov/products/GAO-11-415

WORLD BANK GROUP. *Interim Strategy Note for The Republic of Haiti for CY 2012.* International Development Association and International Finance Corporation. Report No. 65112-HT. World Bank, 2006. Disponible en línea: http://wwwwds.worldbank.org/external/default/WDSContentServer/WDSP/IB/2011/11/09/000333037_20111109003425/Rendered/PDF/651120ISN0P1010Official0Use0Only090.pdf

3. Bases de datos en línea

COMMISSION INTÉRIMAIRE POUR LA RECONSTRUCTION D'HAÏTI (CIRH). Disponible en línea: http://www.cirh.ht (acceso 12 de mayo 2012)

FOREGIN POLICY. Failed states Index 2011. Disponible en línea: http://www.foreignpolicy.com/articles/2011/06/17/2011_failed_states_index_interactive_map_and_rankings (acceso 2 de abril 2012)

ORGANISATION FOR ECONOMIC CO-OPERATION AND DEVELOPMENT (OECD). *International Development Statistics on line Databases on Aid and Other Resource Flows.* Disponible en línea: http://www.oecd.org/dataoecd (acceso 25 de abril 2012)

ORGANIZACION DE LAS NACIONES UNIDAS (ONU). *Conferencia internacional de donantes para el nuevo futuro de Haití.* 2010. Disponible en línea en la dirección: http://www.haiticonference.org/spanish/index.shtml

UNITED NATIONS OFFICE OF THE COORDINATION OF THE HUMANITARIN AFFAIRS. *Haiti.* Disponible en: http://www.unocha.org/top-stories/all-stories/results/taxonomy%3A92 (acceso 4 de mayo 2012)

UNITED NATIONS OFFICE OF THE SPECIAL ENVOY FOR HAITI (OSE). *Tracking International Assistance.* Disponible en línea: http://www.haitispecialenvoy.org/ (acceso 12 de mayo 2012)

UNITED STATES AGENCY OF INTERNATIONAL DEVELOPMENT (USAID) USAID. *Haiti.* http://haiti.usaid.gov/opportunities/haitian_partners.php (acceso 26 de mayo 2012)

WORLD BANK. World Development Indicators: Haiti. Disponible en línea: http://data.worldbank.org/country/haiti (acceso 15 de mayo 2012)

4. Prensa

ALTER PRESSE. 2 de abril 2012. *Haiti-Rép. Dominicaine : Martelly impliqué dans un grave scandale de corruption, selon la presse dominicaine.* Disponible en línea: http://www.alterpresse.org/spip.php?article12630 (acceso 13 abril de 2012)

ASSOCIATED PRESS. 4 de deciembre 2011. *AP Interview: Haiti leader says Venezuela aid key.* Por Ian James. Disponible en línea: http://news.yahoo.com/ap-interview-haiti-leader-says-venezuela-aid-key-183813004.html (acceso 14 abril de 2012)

FOREIGN POLICY, 18 octubre de 2010. J*on Stewart was wrong: Coburn is not holding up the Haiti relief money.* Por Josh Rogin. Disponible en línea: http://thecable.foreignpolicy.com/posts/2010/10/18/jon_stewart_was_wrong_coburn_is_not_holding_up_the_haiti_relief_money (acceso 2 de mayo 2012)

HAITI LIBRE, 28 noviembre de 2011. *Haïti - Reconstruction : Quel avenir pour la CIRH ?* Disponible en línea: http://www.haitilibre.com/article-4359-haiti-reconstruction-quel-avenir-pour-la-cirh.html (acceso 2 de mayo 2012)

HAITI LIBERTÉ, 12 de abril 2011. *La CIRH rejetée par une quarantaine d'organisations haïtiennes.* Por Jackson Rateau. Disponible en línea: http://www.haiti-liberte.com/archives/volume4-38/Haiti_Liberte_Apr_6_2011_web.pdf (acceso 6 de abril 2012)

HAITI LIBERTÉ, 26 de junio 2010. *Only Fifteen Percent For Haitians as Interim Commission Prepares to Dole Out Reconstruction Contracts.* Por Kim Ives.

Disponible en línea: http://canadahaitiaction.ca/node/408 (acceso 5 de mayo 2012)

LE DEFEND. 12 febrero 2012. *Pays de l'ALBA accord pour augmenter l'aide à Haïti.* Disponible en línea: http://www.defend.ht/fr/politics/articles/international/2610-alba-countries-agree-to-increase-aid-to-haiti (acceso 2 de mayo 2012)

LE NOUVELLISTE, 23 julio de 2010. *Ni tutelle ni centre de commandement selon Bellerive.* Por Franz Duval. Disponible en línea: http://www.lenouvelliste.com/article.php?PubID=1&ArticleID=81629 (acceso 26 de abril 2012)

LE NOUVELLISTE. 8 abril 2011. *CIRH à l'heure de nouvelles orientations.* Por Roberson Alphonse.http://www.lenouvelliste.com/article.php?PubID=&ArticleID=99732 (acceso 4 de mayo 2012)

LE NOUVELLISTE, 13 abril 2011. *Gabriel Verret quitte son poste, mais ne part pas.* Por Robenson Geffrard. http://www.lenouvelliste.com/article.php?PubID=1&ArticleID=91324 (acceso 4 de mayo 2012)

LE NOUVELLISTE, 25 noviembre 2011. *La reconstruction d'Haïti menacée de paralysie.* Por Daniel Trenton. Disponible en línea: http://www.lenouvelliste.com/article.php?PubID=&ArticleID=99732 (acceso 2 de mayo 2012)

LE NOUVELLISTE, 9 de novimbre de 2011. *La CIRH reste un sésame, selon Bellerive.* Por Roberson Alphonse. Disponible en línea: http://www.lenouvelliste.com/article.php?PubID=1&ArticleID=99074 (acceso 8 de abril 2012)

LE NOUVELLISTE, 28 de noviembre 2011. L*e renouvellement du mandat de la CIRH et les promesses électorales du président Martelly.* Por Maître Gédéon Jean. Disponible en línea:

http://www.lenouvelliste.com/article.php?PubID=&ArticleID=99595 (acceso 1 de mayo 2012)

LE NOUVELLISTE, 10 enero, 2012. *Un incroyable fiasco. Haiti Briefing.* Disponible en línea: http://www.lenouvelliste.com/article.php?PubID=&ArticleID=101494 (acceso 2 de mayo 2012)

LE NOUVELLISTE, 7 febrero de 2012. *La reconstruction nage dans un flou absolu*. Por Carl-Henry Cadet. Disponible en línea: http://www.lenouvelliste.com/article.php?PubID=&ArticleID=102420 (acceso 2 de mayo 2012)

NEW INTERNATIONALIST, enero-febrero 2012. *Haiti Two Years on: Beyond Relief.* Por Philip Wearne. Disponible en línea: http://www.newint.org/features/2012/01/01/haiti-earthquake-relief-reconstruction/ (acceso 2 de mayo 2012)

SUN SENTINEL, 3 de mayo 2012. *CDC study shows Haiti cholera has changed, experts say it suggests disease becoming endemic.* Por Daniel Trenton. Disponible en línea: http://www.startribune.com/lifestyle/health/150058095.html (acceso 15 de mayo 2012)

THE FOX NEWS. 3 de febrero de 2011. *Government-Backed Candidate Out of Haiti's Election.* Associated Press. Disponible en línea: http://www.foxnews.com/world/2011/02/03/government-backed-candidate-haitis-election/ (acceso 6 de mayo 2012)

THE NEW YORK TIMES. 9 de deciembre de 2010. *Haitian Vote Results to Be Reviewed*. Por Deborah Sontag. Disponible en línea: http://www.nytimes.com/2010/12/10/world/americas/10haiti.html?_r=1 (acceso 2 de mayo 2012)

Personas entrevistadas:

- Ministro Consejero de la Embajada de Haití en República Dominicana (31 de enero 2012, Santo Domingo)
- Representante de la Republica Dominicana en la CIRH, Directora General de Unidad de Estudios Políticos y Sociales del Caribe, Ministerio de Economía, Planificación y Desarrollo de Republica Dominicana (8 de febrero de 2012, Santo Domingo)
- Representante de la Republica Dominicana en la CIRH, Asesor de Asuntos Haitianos, Ministerio de Relaciones Exteriores de Republica Dominicana (16 febrero de 2012, Santo Domingo)
- Asesor del PNUD en la Comisión Mixta Bilateral Dominico-Haitiano (22 febrero de 2012, Santo Domingo)
- Director de las Programas, Sección Integración Regional, Comercio y Sector Privado, Delegación de la Unión Europea en República Dominicana (30 enero 2012, Santo Domingo)
- Especialista de Medios de Comunicación, UNICEF (21 de enero de 2012, Puerto Príncipe)
- Directora de los Proyectos de Reconstrucción y Asuntos Humanitarios, Oficina Técnica de Cooperación Española en Haití (AECID) (15 de marzo 2012, entrevista con Skype)
- Coordinadora de los proyectos de ONG Bochika (los EE.UU.) (21 de enero 2012, Puerto Príncipe)
- Directora del Observatorio Migrantes del Caribe, Santo Domingo (11 de febrero 2012, Santo Domingo)

Printed by Books on Demand GmbH, Norderstedt / Germany